AF300533

Karl-Heinz Rauscher

Atlantis

Die neue Form der Gemeinschaft

Bibliografische Information der Deutschen Nationalbibliothek: Die Deutsche Nationalbibliothek verzeichnet
diese Publikation in der Deutschen Nationalbibliogra-
phie, detaillierte bibliografische Daten sind im Internet
über http://dnb.dnb.de abrufbar.

Lektorat: Ryan Karl Rauscher
Fotos: Melanie Jeanne Ann Rauscher
Einband und Satz: Karl-Heinz Rauscher
Herstellung und Verlag:
BoD - Books on Demand, Norderstedt

ISBN: 978-3-7481-2941-7

für
Dich

Inhaltsverzeichnis

Einleitung

Die tragende Struktur menschlichen Lebens ist seit jeher die Gemeinschaft. Nur im Zusammenschluß lassen sich die Kräfte, Talente und Fähigkeiten finden und bündeln, die der Mensch zum Überleben, zur Ausbildung von Wohlstand und einem guten Miteinander braucht. In den frühen Klan- und Stammesgemeinschaften teilten die Jäger die Beute mit allen Anderen. Auch in den Dörfern der späteren Agrargesellschaften war das Leben nur in der Gemeinsamkeit denkbar. Je nach Talent und Anforderung bildeten sich Berufe aus, damit die Bedürfnisse der Gemeinschaft gedeckt werden konnten. Im traditionellen Dorf gab es Bauern, Schmiede, Bäcker, Metzger, Lehrer, Müller, Gerber und so weiter. Der Grad des Wohlstands war neben der Klimazone und der Güte des Ackerbodens abhängig von der Organisation und dem Weltbild der Menschen. Solange man sich als Gemeinschaft verstand, wuchs der Wohlstand aller. Sobald dieser Gemeinsinn verloren ging und egoistische Menschen auftraten, die Wege suchten, um persönlichen Reichtum anzuhäufen, kam es zur Trennung in Arme und Reiche. Der König erhöhte die Steuern, um ein Heer aufzustellen und damit die Nachbarvölker zu überfallen und auszubeuten. Das eroberte Land wurde an wenige Adelige verteilt, die arme, landlose Menschen als Knechte und Leibeigene hielten.

Abhängig vom Geist, der in einer Gesellschaft wehte, war ein gutes Leben für alle möglich oder aber es setzte sich eine kleine reiche Schicht auf Kosten vieler Anderer durch, die mit Gewalt die anderen Menschen aussaugte. Der Sieg des Egoismus über den Gemeinsinn führte zu Ausbeutung, Armut, Kriegen, Leid und Tod. Nach den Wirren der Geschichte, mehreren Aufständen des Volkes, Revolutionen, deren Niederschlagung, Etablierung von Diktaturen und deren Zusammenbruch kam es zur Ausbildung moderner Demokratien. Man suchte wieder den Gemeinsinn zu stärken, damit sich der Wohlstand vermehre. Alle Bürger sollten von den Möglichkeiten der Gesellschaft und dem erwirtschafteten Bruttosozialprodukt profitieren. Dabei beging man allerdings einen wesentlichen Fehler. Man verließ sich nicht auf gemeinsam erwirtschaftete Gelder (Steuern), sondern glaubte, daß sich der Staat von reichen Menschen Geld ausleihen, sich also verschulden müsse, um seinen Bürgern ein gutes Leben bereiten zu können. Statt langsamer aufzubauen und nur das von den Bürgern erwirtschaftete Steuervolumen in Gemeinschaftsprojekte zu investieren, also gesund und solide zu wirtschaften, nahm der Staat Kredite auf, die er nie zurückzahlen kann und deren Zinslast ganz heimlich und leise wieder zur Ausbeutung und Aussaugung des Volkes führt, also zur Trennung von arm und reich. Wieder hat das Egoprinzip einen Weg gefunden, sich zu etablieren. Der Reichtum und das gute Leben, das man sich gemeinsam erarbeitet hat, verfällt. Ganze Staaten können ihre Zinslast nicht mehr bedienen. In Europa werden andere Staaten aufgefordert einzuspringen, die Zinsen der insolventen Staaten zu übernehmen, und werden auf diese Weise in den Strudel der Krise hineingezogen. Heute, im Jahr 2018, stehen wir vor dem Zusammenbruch des weltweiten Finanzsystems, der eine Depression der gesamten Weltwirtschaft nach sich ziehen wird. Ausgangspunkt der Krise ist das Egodenken einiger weniger Menschen, die auf Kosten vieler Menschen Geld und Macht horten.

Die Lösung ist die Rückbesinnung auf den Gemeinsinn, auf die tragenden Strukturen menschlicher Gemeinschaft. Lassen Sie uns wieder funktionierende Gemeinschaften bilden, in denen der Geist der Gemeinsamkeit herrscht. Die Gemeinschaftsform „Atlantis", die ich in diesem Buch skizziere, bietet eine Struktur, in der sich viele Menschen im Geist der neuen Zeit verbinden können. Atlantis kann uns durch das Chaos des zu erwartenden Zusammenbruchs führen und eine neue Zeit begründen, in der Ausbeutung keinen Platz mehr hat.

Die Zeit der Umwälzung aber wird hart. Für manche wird sie in einer Katastrophe enden, andere werden irgendwie durchkommen und den vergangenen Zeiten nachtrauern, aber es wird auch diejenigen geben - und ich hoffe Sie gehören dazu -, die begreifen, welche neuen Chancen der Zusammenbruch mit sich bringt. Diese Menschen werden die Zeichen der Zeit erkennen, sich rechtzeitig in Atlantis-Gemeinschaften sammeln und gemeinsam das Wertesystem der Zukunft entwickeln. Diese Menschen und die Gemeinschaften, die sie bilden, werden das Kapital der Zukunft sein.

Die Ausgangslage

Zur Zeit regiert nach außen hin noch das Finanzsystem des Egos. In den Köpfen der Menschheit regiert das Geld. Ihm wird Gesundheit, seelisches Heil und Leben geopfert. Dabei ist Geld an sich nichts Schlechtes. Als Gegenwert für produzierte Waren, als Tauschmittel erfüllt es einen guten Zweck. Doch der Stellenwert, dem die Menschen ihm derzeit geben, ist falsch. Das Falsche daran ist die Vorstellung des „Immer Mehr", die Vorstellung auch, daß Geld Geld verdienen muß. Geld sollte dem Menschen dienen. Doch heute dient der Mensch dem Geld, oder besser der Vorstellung, die er sich von seiner Wichtigkeit macht.

Da Geld an erster Stelle steht, wird ihm alles andere untergeordnet. Die Umwelt wird zerstört, ganze Bevölkerungsschichten verarmen, Volkswirtschaften werden ruiniert, tausende Menschen umgebracht. Die Zeitgeschichte ist voll davon. Sie brauchen nur die täglichen Nachrichten zu hören. Die Menschheit wird versklavt vom Gedanken, daß Geld das Wichtigste im Leben ist. Woher nur kommt dieser Gedanke?

Er ist die Folge des übertriebenen Egos, das Geld und Macht dazu benutzt, sich weiter aufzublähen. Die negativen Folgen sind heute unübersehbar. Das Egoprinzip ist weltweit auf die Spitze getrieben worden. Jetzt ist es am Ende.

Der Zusammenbruch

Die alte Finanzwelt wird zusammenbrechen. Das Finanzsystem, das die Armen aussaugt, um die Superreichen noch reicher zu machen, ist morsch und wird die neuen Zeiten nicht erleben. Nichts ist ewig. Der Euro schon gar nicht. Auch er ist am Ende. Die Wirtschaft wird in die Knie gehen. Nichts wird mehr so funktionieren, wie wir es gewohnt sind.

Jedes System hat seine Zeit und sein Ende. Für das jetzige Finanzsystem ist die Endzeit angebrochen. Der Zusammenbruch hat bereits begonnen und ist nicht mehr aufzuhalten. Alle Versuche, den großen Crash zu verhindern, werden frustran sein. Er folgt seinen eigenen Gesetzen. Ob es ein Jahr dauert oder drei oder fünf ist einerlei. Der Zusammenbruch kommt so sicher wie das Amen in der Kirche.

Immer wieder werden große Banken über staatliche Stellen und die Europäische Zentralbank „gerettet" wie 2017 in Italien. Letztendlich haftet dafür der europäische Steuerzahler, also im Grunde wieder die Geringverdiener, da die großen Konzerne über Tricks kaum Steuern bezahlen. Um diese neue finanzielle Last zu tragen, müssen einzelne Staaten der europäischen Union weitere Kredite aufnehmen. Denn selbst die reicheren Staaten haben kein Geld. Sie sind selbst hoch verschuldet. Die Zinslast der Eurozone insgesamt wird dadurch noch einmal wesentlich erhöht.

Der Steuerzahler, also die Mittel- und die Unterschicht, zahlt wieder die gesamte gewaltige Zeche. In den europäischen Finanzballon, der schon jetzt riesig ist, wird weiter in großen Mengen heiße Luft gepumpt. Wenn die Blase platzt, ist der Schaden unvorstellbar groß und wird Europa und andere Teile der Welt in den finanziellen und wirtschaftlichen Abgrund ziehen.

Wir tun also gut daran, uns darauf vorzubereiten, um den zu erwartenden Kollaps möglichst unbeschadet zu überstehen. Denn die Zeiten werden hart werden. Die Konkursrate wird enorm steigen. Noch viel mehr Menschen in Europa werden arbeitslos. Mit dem Zusammenbruch des Euro verlieren viele Leute ihr erspartes Geld. Bis dahin werden sich die europäischen Staaten in verzweifelten Versuchen, den Euro zu retten, bis ins Unermeßliche verschulden, was die Steuern in die Höhe treibt. Man wird Geld drucken, um die Banken mit Geld zu versorgen und Währungen zu stützen. Die Folge ist Inflation und Geldentwertung. Kurz und gut: Zum Schluß stehen die Menschen da mit wenig Arbeit, wenig Geld und hohen Lebenskosten. Armut und Depression sind die Folge. Damit steigt die Gefahr der politischen Manipulation, Radikalisierung und unkontrollierten Revolution. Letztendlich steigt die Kriegsgefahr. Vergessen wir nicht, daß die Weltwirtschaftskrise der frühen dreißiger Jahre des letzten Jahrhunderts in den zweiten Weltkrieg mündete.

Doch keine Angst! Die aktuellen Krisen sind die Geburtswehen einer neuen Zeit. Denn natürlich wird das Leben auch nach dem weltweiten Finanzcrash und der folgenden Wirtschaftskrise weitergehen. Wie dieses Leben aussehen wird, hängt von uns allen ab. Es gibt einiges zu bedenken. Bereiten Sie sich vor!

Die Vorbereitung auf das Chaos

Chaos ist etwas Positives. In der Vergangenheit sind Dinge geschehen, die das Chaos als einzig mögliche Lösung notwendig machen. Das Chaos ist nicht zu vermeiden, sondern die Geburtsstunde des Neuen. Das Neue ist in den Strukturen des Chaos planmäßig angelegt. Für Menschen, die mitten im Chaos stecken, ist das allerdings nicht erkennbar. Man weiß nicht, wohin das Chaos führt. Das macht Angst. Wenn man wüßte, wohin die Reise geht, wenn man die Grundpfeiler kennen würde, auf die sich die Zukunft aufbauen wird, hätte das unschätzbare Vorteile. Denn dann könnte man sich mit dem Neuen, dem Zukünftigen verbinden und das Wertesystem, das in Zukunft tragen wird, schon jetzt annehmen. Dadurch hätte man Schutz vor den zerstörerischen

Kräften, die in einer chaotischen Phase immer wüten. Denn das Neue genießt im Chaos einen besonderen Schutz.

Was aber ist das Neue, das Kommende, der Phönix, der aus der Asche der alten Welt aufsteigen wird?

Das Zeitalter der Einheit

Wir kommen aus einem viele Jahrtausende langen Zeitalter des Gegeneinanders, der Kriege, der Ausbeutung und der Zerrissenheit. Nun stehen wir an der Schwelle eines neuen Zeitalters, des Zeitalters der Einheit und der Gemeinsamkeit. Wenn wir unseren blauen Planeten Erde von außen betrachten, wird klar, wohin die Reise geht. Die Entwicklung des Menschen hat eine Richtung. Es ist die Rundheit, die Gemeinsamkeit, die Einheit. Doch die Einheit beschränkt sich nicht nur auf die Erde als Ganzes, sondern besteht auch in all seinen Teilen. Sie ist als Potenz und innere Wahrheit auch in uns Menschen. Doch was ist die Einheit?

Zunächst ist sie eine gedankliche Einstellung, eine Art, die Welt anzuschauen. Das Prinzip der Einheit ist die Grundlage für die neue Zeit. Es ist nicht neu, sondern uralt. Wir haben es nur vergessen. In Zukunft wird es wieder zum tragenden Element menschlichen Miteinanders.

Die Philosophie der Einheit

Der Mensch lebt in der Ganzheit, ist mit allem verbunden und befindet sich, ob er will oder nicht, in unabwendbarer Resonanz mit dem gesamten Universum. Alles und jedes ist miteinander verbunden und bildet somit eine Einheit. Die Einheit ist aber keine undefinierbare Ursuppe, in der alles wahllos vermischt ist, sondern ein durch klare Ordnungen funktionierendes Ganzes, in dem jeder Teil seinen Platz, seine Aufgabe und seinen Entfaltungsspielraum hat. Die Zusammengehörigkeit ist tief und geht so weit, daß das Ganze auch in jedem Teil enthalten ist. Der einzelne Teil steht somit mit allen anderen Teilen, auch den zeitlich und räumlich fernsten, in inniger Verbindung. Die Ganzheit spiegelt sich im Einzelnen. Das Einzelne findet sich in der Ganzheit.

Die Zusammengehörigkeit in der Einheit widerspricht der täglichen Erfahrung, daß es getrennte Individuen gibt, nur auf den ersten oberflächlichen Blick. Wenn man tiefer schaut, erkennt man, daß die Dualität, in der wir durchaus sinnhaft in dieser Welt leben, durch die dahinterstehende Einheit ergänzt und im Wesentlichen bedingt wird. Die Dualität, das Gegenüber, die Gegenstände sind uns bestens bekannt. Das Prinzip der Einheit als Urgrund der Welt von Licht und Schatten müssen wir erst wieder kennenlernen. Aber die Mühe lohnt sich.

Von der Einheit ist nichts ausgenommen, auch der Mensch gehört wie alles andere dazu. Die Einheit ist untrennbar. Allerdings gibt es innerhalb der Einheit Einzelteile, die von anderen Individuen durch eine klare, aber durchlässige Grenze getrennt erscheinen.

Alle Einzelteile bestehen wiederum aus vielen kleineren Einzelteilen, der Mensch aus vielen Körperzellen, die Körperzelle aus vielen kleineren Teilen und so weiter. Auch in größeren Zusammenhängen gilt dieses Prinzip. So besteht jedes Volk aus vielen Menschen, die Menschheit aus vielen Völkern. Auch hier existieren mehr oder weniger klare Grenzen, die im besten und gesunden Fall auf beide Seiten hin durchlässig sind, aber die Kontur des einzelnen Volkes wahren.

Der Mensch ist eine Einheit von Körper, Seele und Geist. Diese Dreiteilung der Einheit Mensch ist allerdings nur für den Verstand wichtig, damit er die einzelnen Teile separat betrachten und besser verstehen kann. In Wirklichkeit gibt es auch auf dieser Ebene keine Trennung. Die drei Teile Körper, Seele und Geist sind auf das Innigste verbunden und bilden eine untrennbare Einheit. Wir können sicher sein, daß das, was dem einen Teil, z. B. dem Körper geschieht, gleichzeitig auch der Seele und dem Geist geschieht und umgekehrt. Man wird auf den verschiedenen Ebenen stets gleichzeitig Entsprechungen finden.

Der Mensch in seiner Gesamtheit mit Körper, Seele und Geist ist als Individuum wiederum Teil größerer Gesamtheiten. Er ist Teil der Familie, einer Volksgruppe, einer Nation, Teil der Menschheit, Teil des Ökosystems, der Tier- und Pflanzenwelt, auch der Erde mit ihren Elementen. Mit der Erde ist der Mensch Teil des Sonnensystems, Teil unserer Galaxie, Teil von Galaxiesystemen und darüber hinaus Teil von noch größeren materiellen Gesamtheiten, die wir noch nicht kennen, weil die technischen Möglichkeiten der Wahrnehmung zur Zeit nicht vorhanden sind.

Das Prinzip der Einheit sagt nun, daß der Mensch mit all diesen Einzelteilen und Gesamtheiten eine Einheit bildet, also mit allem Existierenden in tiefer Verbundenheit lebt. Mit manchen Teilen ist der Mensch innigst verbunden, z. B. mit den Elementen, aus denen der Körper besteht. Mit anderen Teilen ist er durch durchlässige Membranen und Häute getrennt und gleichzeitig in Kontakt, wie z. B. den anderen Menschen, der Luft, einem Baum oder einem Felsen. Neben den körperlich wahrnehmbaren Abgrenzungs- und Verbindungsflächen (Membranen und Häuten) gibt es auch auf geistiger Ebene unsichtbare Verbindungsstrukturen. Ein geistiges Prinzip, das wir nicht näher benennen können, umspannt, durchdringt und bedingt alles Existierende. Von diesem geistigen Prinzip gehen energetische Impulse aus, die Leben erst möglich machen und die alles Lebendige permanent mit wichtigen Informationen versorgen, um Leben zu entwickeln und aufrechtzuerhalten. Auch der Entwicklungsschub der Menschheit, der jetzt an der Schwelle des neuen Zeitalters zu spüren ist, wird von diesem alles umspannenden, geistigen Prinzip ausgelöst.

Da alles zusammenhängt, hat jeder Mensch prinzipiell geistig Zugang zu allem. Denn das geistige Prinzip existiert nicht nur außerhalb von uns, sondern ist auch vollständig in uns. Das gilt in verschiedener Ausprägung für alles andere auch. Wenn man das Prinzip der Einheit ernst nimmt, kann man sagen, daß der Mensch auch immer sein Gegenüber ist. Der Mensch ist auch der Andere, er ist der Mensch, der ihm gegenübersteht, er ist die Luft, die er atmet, die Nahrung, die er ißt, die Erde, aus der er geboren wurde, der Geist, der ihn erfüllt. Auf dieser hohen philosophischen Ebene gibt es keine Trennung. Die Einsicht, daß Trennung eine Illusion ist, daß alles zusammengehört, berührt sowohl die emotionale wie auch die körperliche Ebene.

Es macht also Sinn, menschliches Leben in all seinen Facetten dahingehend näher zu betrachten, in welcher Form sich das Prinzip der Einheit zeigt und äußert. Für die neue Gemeinschaft ist es von besonderer Bedeutung, das Prinzip der Einheit zu kennen und aus seiner Wirklichkeit zu leben. So sehr wir im

Äußeren getrennt erscheinen, im Innersten sind wir tief verbunden.

Diese Erkenntnis berührt den menschlichen Wesenskern, läßt alles in einem neuen Licht erscheinen und begründet eine Harmonie, in der der Mensch seit jeher lebt, die er jedoch vergessen hat. Erinnern wir uns! Bewußtsein ist der Schlüssel zum Glück.

Bewußtsein wächst wie eine Pflanze. Zunächst ist es klein, mit der Zeit wird es größer. An dieser Stelle sollte die weit verbreitete Vorstellung aufgegeben werden, daß wir zu einem gegebenen Zeitpunkt jeweils bereits auf dem Höhepunkt des Wissens angelangt sind. Das sind wir eben nie. Früher wußten wir weniger, heute wissen wir mehr, in Zukunft werden wir noch mehr wissen. Erst in der Rückschau erkennen wir das Fehlerhafte an den Überzeugungen der Vergangenheit. Hören wir auf, uns als fertige Wesen zu betrachten, die nichts Wesentliches mehr hinzulernen können. Wir stehen mitten in einer Entwicklung. Wir sollten alles, was wir heute zu wissen glauben, einer ernsthaften Prüfung unterziehen. Damit schaffen wir die Voraussetzung für neue Erfahrungen.

Die Grundzüge menschlicher Entwicklung sind an dieser Stelle interessant. Es zeigt sich dabei ein wiederkehrendes Muster.

Die Entwicklung des Menschen

Im Menschen ist ein Entwicklungsweg vom unwissenden Kind zur Meisterschaft des weisen Alten angelegt. Es handelt sich um eine Entwicklung des Geistes, um einen Erkenntnisweg. Im Kern geht es um die Bewußtseinserweiterung hin zur Erkenntnis, daß der Mensch in der Ganzheit lebt, mit allem verbunden ist und in unabwendbarer Resonanz mit dem gesamten Universum lebt. Das ist die Meisterschaft.

Die Entwicklung dorthin geht in zwei sich ergänzenden Qualitäten vor sich. Zum einen läßt sich eine allmähliche, in der Zeit fortschreitende Bewegung feststellen. Der Mensch erkennt die Welt immer mehr, je mehr Erfahrungen ihm das Leben im Laufe der Zeit schenkt. Zum anderen kommt es in gewissen Abständen zu plötzlichen Bewußtseinsexplosionen, zu Quantensprüngen der Einsicht. Wie aus dem Nichts bricht sich die Erkenntnis Bahn. Nach dem Quantensprung des Bewußtseins gibt es kein Zurück. Nichts mehr ist, wie es war. Danach kann man nicht mehr so tun, als wüßte man nicht, was man weiß.

Diese beiden Qualitäten menschlicher Entwicklung ergänzen sich und bedingen einander. Die allmählich fortschreitende Entwicklung bereitet den Quantensprung vor. Es muß Energie auflaufen, bevor es zum Durchbruch kommt. Der Quantensprung wiederum schafft durch den Sprung auf eine höhere Ebene die Voraussetzung für neues, qualitativ verändertes Erleben. Auf der höheren Bewußtseinsebene macht man andere Erfahrungen. Der Mensch hat neue Chancen, etwas zu erkennen. Die Summe der neuen Erkenntnisse bereitet nun wieder den nächsten Quantensprung vor und so weiter.

Dieses grundlegende Muster läßt sich analog auch auf der körperlichen Ebene feststellen. Die Annäherung von Mann und Frau kann einen allmählichen, wenn auch durchaus wellenförmigen Charakter haben. Die Vereinigung von Samen- und Eizelle im Zeugungsakt aber hat alle Allmählichkeit verloren, sie geht sprungartig, ruckartig vonstatten. Vorher war es noch nicht. Jetzt ist es. Ein wahrer Quantensprung. Etwas völlig Neues ist entstanden. Es gibt kein Zurück. Eine neue, jetzt wieder allmähliche Entwicklung setzt ein, die Embryonalentwicklung hin zu einem neuen Menschen, der dann wieder, Sie ahnen es, im Quantensprung der Geburt in eine neue Erlebniswelt ausgetrieben wird. Wieder gibt es kein Zurück.

Das geht über die verschiedenen Entwicklungsstufen so weiter bis hin zum Tod, dem großen Übergang, der den Zyklus dieser Inkarnation beschließt, aber seinerseits wie alle Übergänge Ende und Anfang zugleich ist. Er leitet eine weitere Entwicklung ein, die die nächste Wiedergeburt vorbereitet.

Auch die Menschheit als Ganzes unterliegt diesem Entwicklungsmuster. Allerdings sind die Zeiträume, die zwischen den Quantensprüngen des weltweiten Bewußtseins liegen, so lange, daß sich kein lebender Mensch an den letzten Quantensprung erinnern kann. Je nachdem, welche Ebene man betrachtet, mag der letzte Bewußtseinssprung der Menschheit Jahrzehnte, Jahrhunderte oder mehrere tausend Jahre zurückliegen. Die Zeitenwende, die uns bevorsteht, ist vielleicht ein Mega-Event, wie ihn die Menschheit nur alle paar tausend Jahre erlebt. Das könnte erklären, daß wir auch kollektiv keine Erinnerung an ein ähnliches Geschehen haben. Allenfalls in den alten Mythen mögen sich Elemente von ähnlich bedeutenden Ereignissen erhalten haben.

Eine Änderung des Bewußtseins der gesamten Menschheit in dieser Größenordnung, die weltweite Aufgabe des Egodenkens zu Gunsten eines tiefen Gemeinschaftssinns, wird zunächst alle überfordern. Es ist auf Grund eigener Erfahrung und auch in Anbetracht der Geschichtsschreibung nicht einsichtig, daß es dazu kommen sollte. Wir kennen einfach keine Beispiele aus dieser Kategorie. Wir wissen die Menschheit nicht anders als egoistisch, raffgierig, korrupt, verlogen, zum Morden bereit. Deshalb wird dieses Argument immer gebracht, wenn man über die Vision einer friedlichen, sicheren Zukunft unter Brüdern und Schwestern spricht.

Nein, das kann nicht passieren, sagt man. Die Menschen haben sich immer umgebracht, sich bestohlen, wegen niedriger Beweggründe Krieg geführt und so weiter. Wenn wir aber vor einem Bewußtseinssprung der Menschheit stehen, wie wir ihn seit Jahrtausenden nicht erlebt haben, dann greift diese Argumentation ins Leere. Natürlich, im alten Denken klingt das Prinzip der Einheit utopisch, weltfremd, idealistisch bis zum Exzess. Im neuen Denken aber ist es folgerichtig, logisch und einsichtig. Alles entscheidet sich im Kopf.

Denn, auch wenn uns der Zeitgeist in die Hände spielen mag, denken müssen wir selbst. Aber das lohnt sich. Im Denken haben wir Macht. Welches Denksystem Sie auch immer favorisieren, es wird sich vor Ihren Augen bewahrheiten, egal ob Sie das Denksystem des Egos oder das Denksystem der Einheit wählen. Sie werden das erleben, was Sie erwarten. Da die Gewohnheit eine starke Macht ist, wird es natürlich Rückfälle in das alte Denken geben. Neues Denken ist nie leicht. Es bedeutet Arbeit und Mühe. Es gilt, der alten Gewohnheit immer wieder entgegenzutreten, durchzuhalten, damit Sie die Früchte des neuen Denkens nach einiger Zeit genießen können. Die neuen Erfahrungen werden Sie mit der Zeit überzeugen.

Die Welt richtet sich danach, wie man sich ihr gegenüber einstellt. Sie ist ein Wald, in den man hineinruft, ein Spiegel des Menschen. An den Kriegen,

Hungersnöten, den kollektiven und persönlichen Feindschaften, an der Gier und dem Neid ist nicht die Welt schuld, sondern der Mensch, weil er so ist, wie er ist, oder besser, wie er bisher war. Ändern kann sich das nur, wenn sich der Mensch ändert. Die Welt kann gerade so bleiben, wie sie ist. Der Mensch muß sich ändern. Dazu müßte er nach all der Vorbereitung sein geistiges Potential endlich ausschöpfen und die Möglichkeiten seines Geistes nutzen. Er müßte beginnen, neu zu denken.

Doch um verstehen zu können, muß man zuerst das, was man verstehen will, mit offenen Augen betrachten. Schauen wir zunächst auf das, was bald zusammenbrechen wird: Das derzeitige Finanz- und Wirtschaftssystem.

Finanzsystem

Das derzeit (2018) weltweit vorherrschende Finanzsystem wurde von reichen Leuten erdacht und darauf ausgelegt, die Reichen auf Kosten der Ärmeren noch reicher zu machen. Das Ziel des derzeitigen Systems ist, Reichtum und Macht in möglichst wenigen Händen zu konzentrieren. Die Weltanschauung, die dahintersteckt, wird von dem Gedanken der Trennung und dem Gedanken der Angst getragen. Bis in die höchsten Höhen der Hochfinanz hat man Angst, man könnte das Angehäufte wieder verlieren.

Man wähnt sich umgeben von Feinden wie im Dschungel. Es herrscht das Gesetz des „Fressen und gefressen werdens". Als einziges Mittel, das den eigenen Untergang aufhält, wähnt man das Immermehr des eigenen Wachstums. Man muß immer reicher und stärker werden, um den Feind durch Geld zu beherrschen. Allein das Wachstum beruhigt. Die feindlichen Übernahmen und Fusionen in der Wirtschafts- und Bankenwelt gehen auf diese Einstellung zurück. Das Geld für die Übernahme des Konkurrenten holt man sich von der Masse der Habenichtse, den Arbeitern und Bürgern dieser Welt. Das Werkzeug, das dazu dient, ist der Zins. Durch den Zins fließt immer neues Geld in die Kassen der Reichen, ohne daß sie mehr dazu tun müßten, als ihr Geld zu verleihen. Geld verdient Geld. Die Rechnung zahlen die kleinen Leute, die für schlechte Bezahlung Waren herstellen oder Dienstleistungen erbringen und dafür Steuern zahlen, die zu einem überraschend hohen Anteil dafür gebraucht werden, die Zinsschuld des Staates zu bedienen. Auch die Milliarden des sogenannten Eurorettungsschirms, also Steuergelder, werden zum großen Teil an die verschuldeten Staaten überwiesen, damit sie ihre Zinsschuld bezahlen können. Der Eurorettungsschirm rettet nicht den Euro, sondern sichert den Superreichen weiterhin ihre Zinseinnahmen.

Für die Reichen scheint die Rechnung aufzugehen. Das Ganze hat nur einen Haken. Es wird nicht mehr lange funktionieren. Der Crash wird kommen. Denn das Prinzip der Einheit, der neue Zeitgeist, der im Begriff steht, im Bewußtsein der Menschheit Einzug zu halten, führt das bisherige Zinssystem ad absurdum. Das Prinzip der Einheit sagt nämlich, daß wir alle zusammengehören, Brüder und Schwestern sind, daß wir in letzter Konsequenz sogar das Gegenüber sind. Der Gedanke, daß ich reicher werde, indem ein Bruder ärmer wird, kann nur ganz an der Oberfläche für einen kleinen Zeitraum zum Schein funktionieren. Im Grunde aber ist er gänzlich falsch. Der Mensch, der ihn denkt, hat sein Bewußtsein noch nicht zur Erkenntnis der Einheit erhoben. Wenn er das aber tut, wird der Gedanke der Trennung undenkbar. Es hat einfach keinen Sinn mehr, andere auszubeuten. Ich schade damit mir selbst und meiner Familie. Die Mittel, die das Große Ganze einsetzt, um im Laufe der Zeit Ausbeutung und betrügerische Bereicherung auszugleichen, sind vielgestaltig. Sie können die Form von Naturkatastrophen, großen Börsenverlusten, Krankheiten und persönlichen Schicksalsschlägen bis hin zu Unfällen und Selbstmorden der Nachfahren annehmen.

Der unwissende Mensch kann keine Verbindung zwischen diesen Vorkommnissen und der finanziellen und körperlichen Ausbeutung anderer erkennen. Er kann die Verletzung des Prinzips der Einheit nicht wahrnehmen, weil er dieses Prinzip gar nicht kennt. Erst wenn das Prinzip der Einheit als stets gültiges

Grundprinzip bekannt und anerkannt ist, wird Umdenken möglich. Erst dann wird der Weg für ein neues Finanzsystem frei.

Das Ziel ist dann nicht mehr die Anhäufung von Reichtümern in den Händen weniger auf Kosten vieler, sondern die Vermehrung des Reichtums aller mit Hilfe von Win-Win-Geschäften und einem Finanzsystem, das das Geld in den Dienst aller stellt. Geld gewinnt wieder seinen ursprünglichen Sinn, nämlich die Vereinfachung des Tauschhandels. Einer Geldmenge muß immer ein Warenwert oder Dienstleistungswert gegenüberstehen, wenn periodisch wiederkehrende Krisen vermieden werden sollen. Die Ausbeutung, die durch den Mechanismus „Geld verdient Geld" entsteht, wird aufhören. Im ersten Schritt könnte dazu die Zinswirtschaft abgeschafft werden. Modelle für eine zinslose Finanzwirtschaft wurden bereits durch Vordenker des frühen 20. Jahrhunderts entwickelt. Als Bekanntester ist hier wohl Silvio Gesell (1862 - 1930) zu nennen. Sein Modell wurde Anfang der dreißiger Jahre zu Zeiten der großen Weltwirtschaftskrise in Wörgl, Österreich, mit großem Erfolg praktiziert. Als es mehrere Gemeinden in Österreich wegen des durchgreifenden Erfolges nachahmen wollten, wurde es auf Betreiben der österreichischen Landesbank verboten.

Natürlich kann man die Erkenntnisse Gesells heute nicht eins zu eins umsetzen. Die Weltwirtschaft hat sich seither in manchen Teilen verändert.

Die Grundlagen des damaligen weltweiten Finanzsystems gelten jedoch noch heute. So kann die zinslose Finanzwirtschaft Silvio Gesells als Grundlage für das Finanzsystem der Zukunft dienen, das natürlich den Erfordernissen des 21. Jahrhunderts Rechnung tragen muß. Die Allgemeingültigkeit des Prinzips der Einheit kann entscheidende Hinweise geben, wie sich der Umgang mit Geld und Gewinn zum Wohle aller gestalten ließe.

Dabei wird auch hier im Grundsatz das Gegeneinander aufgegeben und durch ein Miteinander und Füreinander ersetzt. Es ist genug für alle da. Die wirtschaftliche Einzelinitiative wird durch zinslose Darlehen gefördert. Der wirtschaftlichen Kreativität im Land wird dadurch Tür und Tor geöffnet. Der Ausgleich von Geben und Nehmen wird die Maxime der neuen Unternehmenskultur.

Wirtschaftssystem

Das globale Wirtschaftssystem unserer Tage trägt frühkapitalistische Züge. In Ländern der Dritten Welt werden Waren zu Hungerlöhnen, zum Teil mit Kinderarbeit, hergestellt und erscheinen zu Billigstpreisen in den Läden. Die reichen Länder leben von der Armut der Entwicklungsländer. Doch Wohlstand, der sich auf Armut gründet, widerspricht dem

Prinzip der Einheit. Es gibt nur eine Sorte von Geschäften, die vom Prinzip der Einheit unterstützt werden. Das sind Geschäfte, bei denen alle Beteiligten gewinnen und keiner verliert. Fairer Lohn, fairer Preis, faire Arbeitsbedingungen.

Wenn es um Gewinn und Verlust geht, ist Geld nicht der einzige Parameter. Durch faire Produktions- und Handelsbedingungen gewinnt der Unternehmer neben Geld auch Ansehen, das Gefühl dazuzugehören zur großen Gemeinschaft der Menschheit, die Erfüllung, die sich aus der Gewißheit ergibt, daß man nach Vermögen und Talent zum Gelingen des Großen Ganzen beiträgt und das Glück, das sich einstellt, wenn sich die privaten Beziehungen zur vollen Zufriedenheit entwickeln. Denn die Privatsphäre wird von der Ethik, der man im Berufsleben folgt, sehr wohl berührt. Das weiß jeder, der im Beruf in endlosen Überstunden dem geheiligten Immermehr nachrennt und weder genügend Zeit noch Raum für Familie, Kinder und Freunde hat.

Am Ende des Lebens stellt sich für einen Unternehmer nicht die Frage, ob er ein erfolgreiches Unternehmen geführt hat, sondern vielmehr, ob er ein erfolgreiches Leben geführt hat. Zu einem erfolgreichen Leben gehört mehr als Geld, Erfolg und Macht. Es sind ganz besonders die menschlichen Beziehungen, die im Leben zählen. Nicht das, was ich vom Leben bekommen habe, beglückt mich am Ende, sondern vielmehr das, was ich der Welt gegeben habe. Zu einem erfüllten Leben gehört der volle Einsatz von Talent, Fürsorge, Mut und Liebe. Die eigene Seele ist nur mit dem vollen Einsatz zufrieden. Er kann nur im Zusammenspiel mit dem Großen Ganzen, als Teil einer Gesamtheit sinnvoll erbracht werden. Glück, Zufriedenheit und Erfüllung sind die Früchte, die man oft genug schon auf dem Weg ernten kann, im Herbst des Lebens aber umso mehr.

Was hat das mit dem Wirtschaftsleben zu tun? Alles! Denn Wirtschaft wird von Menschen für Menschen betrieben. Man muß den gesamten Menschen und all seine Bezüge kennen, wenn man einen guten Weg des Wirtschaftens, Arbeitens und Konsumierens finden will. Ein neues Wirtschaftssystem soll allen Menschen dienen, darf auch die Umwelt nicht ausbeuten. Sklavenhaltung, Kinderarbeit und Hungerlöhne werden verschwinden, wenn das Prinzip der Einheit erkannt wird. Das wird in allen Bevölkerungsschichten und in allen Ländern gleichzeitig geschehen, wenn auch mit regional unterschiedlicher Geschwindigkeit. Die Zukunft wird Unternehmer fordern, die faire Produktionsprozesse entwickeln. Dort, wo das noch zu langsam geschieht, wird die Zahl der Arbeiter steigen, die nicht mehr mitmachen. Mitunter mag das mit Gewaltausbrüchen von beiden Seiten einhergehen, wie ein Blick in die Geschichte lehrt. Das richtige Verständnis des Prinzips der Einheit kann den Umbruch der Weltwirtschaft hier und da abmildern und für sanfte Übergänge sorgen.

Krisenhafte Verläufe sind jedoch zu erwarten. Der bevorstehende Zusammenbruch des Finanzsystems wird den Umdenkprozess hin zum Prinzip der Einheit beschleunigen. Denn dann wird jedem klarwerden, daß so rasch wie möglich grundlegend neue Lösungen gefunden werden müssen.

Win-Win-Situationen sind der Schlüssel zum langfristigen, wirtschaftlichen und persönlichen Erfolg. Einer für alle und alle für einen, aber eben gegen niemanden. Das ist das Neue. Das ist die Essenz der neuen Gesellschaft. Doch wir stehen noch vor der Krise. Um sie zu bestehen, ist es günstig, ihr Wesen zu kennen.

Das Wesen der Krise

Jede Krise möchte eine grundlegende Veränderung. Ihr geht eine Zeit relativer Ruhe voraus, in der die Zeichen der Zeit nicht erkannt werden. Das Wissen, daß es so nicht weitergehen kann, ist eigentlich da. Doch aus Angst vor dem Unbekannten verweigert man sich der anstehenden Entwicklung. Es soll alles so bleiben, wie es ist. Dabei tut man so, als ob man es noch nicht besser wüßte.

Bildlich gesprochen ist es für das Wasser eines Bergsees durchaus in Ordnung, einige Zeit im ruhigen Becken zu bleiben. Doch irgendwann kommt eine Zeit, in der es richtig ist, sich vom Sog beschleunigen zu lassen und sich den Wasserfall hinabzustürzen, weiter dem Lauf der Dinge nach bis zum Meer, in dem sich alle Wasser finden.

Für die Menschheit wäre es schon lange an der Zeit, sich weiterzuentwickeln und die zerstörerische Welt des Egos und des Immermehr zu verlassen. Doch der Mensch wehrt sich gegen diese natürliche Entwicklung, will das Alte befestigen, baut Staumauern und bastelt brüchige Rettungsschirme, die er mit heißer Luft zu gigantischen Zeitbomben aufbläht. Doch allmählich steigt der Druck. Zuletzt bricht der Damm. Die aufgestaute Energie stürzt zu Tal, reißt alles mit sich und zerstört, was sich ihr in den Weg stellt. Das ist der Ausbruch der Krise. Sie ist um so fürchterlicher, je mehr man vorher versucht hat, das Alte durch immer höhere Mauern zu schützen.

Die chaotische Zeit, die durch die Krise und den Zusammenbruch des Alten ausgelöst wird, ist potentiell zerstörerisch. Vor allem diejenigen, die am alten Denken festhalten, werden großen Schaden erleiden. Sogar ihre Existenz wird bedroht.

Die Krise will die Veränderung. Sie steht im Dienst der überfälligen Bewußtseinsentwicklung der gesamten Menschheit. Wer durchkommen will, tut gut daran, sein Bewußtsein im Sinne des neuen Zeitgeistes zu erheben. Das ist kein passiver Vorgang, sondern bedeutet aktives Umdenken. Man braucht den Mut, alte Einstellungen ziehen zu lassen und sich mit dem Geist der Gemeinsamkeit anzufreunden. Wenn das mehr und mehr Menschen tun, werden sich als logische Konsequenz an vielen Orten neue Gemeinschaften bilden. Diese Gemeinschaften, die nach neuen Grundsätzen funktionieren, werden in der Zeit des Zusammenbruchs und des Chaos einen Hort der Menschlichkeit bilden und ein neues, goldenes Zeitalter begründen.

Das Kapital der Zukunft

Die Währung der Zukunft, die im neuen Zeitalter der Gemeinsamkeit gilt, wird nicht mehr das egozentrische Immermehr des monetären Zeitalters sein, dessen Zusammenbruch sich gerade ankündigt. Es wird auch nicht sein Gegenteil sein, das angstvoll vermeidende Immerweniger.

Das Kapital der Zukunft wird eine Gemeinschaft von Menschen sein, die das Miteinander fördern und das Vertrauen haben, daß der Einzelne im großen Ganzen besser aufgehoben ist als in der Absonderung und Einsamkeit angehäufter Reichtümer.

Wenn das Ego aufgegeben wird, entstehen Gemeinschaften ganz von selbst. Sie sind der Kern und der Grundbaustein der neuen Zeit. In den ungewissen Zeiten, in denen wir derzeit noch leben, ist es ein unschätzbarer Vorteil, schon jetzt mit dem Umdenken zu beginnen und sich das gedankliche Rüstzeug anzueignen, um die Kunst zu erlernen, diese Art von Gemeinschaft zu bilden. Ich nenne die neue Gemeinschaft „Atlantis“. Der Name eines untergegangenen Erdteils scheint mir an der Schwelle einer neuen Zeit passend. Denn es geht um nichts weniger als um die Wiederauferstehung der Menschlichkeit.

Die Gemeinschaftsform „Atlantis“ wird diejenigen, die Teil davon werden, durch die Zeit des Zusammenbruchs und des Chaos führen. Wie immer wird alles klein beginnen, ganz klein. Im Moment sitze ich in meiner kleinen Küche, eine brennende Kerze vor mir, den Laptop abgedunkelt, denn der neue Tag liegt noch in der Dämmerung. Wir erleben den ersten Kälteeinbruch nach einem langen, sonnendurchfluteten Sommer. Es ist Anfang Oktober. Gestern hat es geschneit. Die neue Gemeinschaft liegt irgendwie in der Luft. Ich versuche sie zu erfassen und ihre Grundzüge niederzuschreiben. Andere Menschen, darunter auch Sie, werden dieses Buch lesen, vielleicht anderen darüber erzählen. Menschen werden zusammensitzen, über die Gemeinschaft reden und so der neuen Zeit Leben einhauchen.

Was aber ist die neue Gemeinschaft, diese Keimzelle der neuen Zeit?

Die Gemeinschaftsform „Atlantis"

Atlantis ist ein freiwilliger Zusammenschluß von Menschen, die das Prinzip der Einheit leben. Jeder Mensch ist gleich viel wert. Jung oder alt, arm oder reich, Hautfarbe, Herkunft, Religion und Beruf spielen keine Rolle.

Geschäfte werden nur gemacht, wenn alle Beteiligten dabei gewinnen und keiner verliert.

Die Grundsätze

Die Grundsätze der Gemeinschaft Atlantis sind nicht neu. Sie finden Teile davon in den Manifesten der französischen Revolution, in der deutschen Verfassung und an vielen anderen Stellen. Doch jetzt ist eine Zeit angebrochen, in der diese Ideen neue Kraft gewinnen und auf einer breiteren Basis stehen. Zwei Umstände begünstigen diese Entwicklung:

1. Durch die weltweite, digitale Vernetzung ist die sekundenschnelle Verbreitung neuer Ideen über den gesamten Erdball möglich. In Kairo, Athen, Madrid, Paris, New York, Berlin und London und an vielen anderen Orten erhob sich in den letzten Jahren die Jugend der Welt, um mitzureden und mitzugestalten. Die sozialen Netzwerke wie Facebook und Twitter ermöglichen eine globale Verbreitung neuer Gedanken und des daraus entstehenden Protestes, die vor

Jahrzehnten unmöglich gewesen wäre. Der freie Zugang zu Informationen durch das Internet bricht das Monopol der regimetreuen Medien in vielen Ländern. Die permanente Gehirnwäsche läßt nach. Die Menschen beginnen, selbst zu denken und kommunizieren in Windeseile miteinander.

2. Durch den neuen Zeitgeist und den bevorstehenden Quantensprung des menschlichen Bewußtseins entsteht ein Klima des eigenständigen Denkens. War der Mensch noch vor hundert Jahren der kleine Untertan, z. B. im deutschen Kaiserreich, war er in den letzten Jahrzehnten der wählende Bürger, der zur Wahl ging und dann vier Jahre ruhig zusah, wie die Politiker ganz und gar nicht in seinem Sinne handelten, so will der neue Mensch heute mitdenken, mitgestalten und sich die ganze Zeit über an der Macht beteiligen. Es entsteht eine gesellschaftliche Kultur der multiplen Machtzentren. Jeder Mensch ist ein Machtzentrum. Jeder Mensch denkt mit, entscheidet mit.

„Wahre Demokratie Jetzt“ ist der Slogan der jungen Menschen auf der ganzen Welt. Sie wollen direkte Demokratie, sie wollen Volksentscheide über die wichtigen Fragen. Was eine wichtige Frage ist, wollen sie in einer neuen Verfassung selbst bestimmen. Ein neuer Rettungsschirm für den Euro? Gut, stimmen wir ab. Neue Milliarden für die Banken? Gut, stimmen wir ab. Weiterhin Krieg in Afghanistan mit deutscher Beteiligung? Gut, stimmen wir ab. Das

Volk ist das Parlament. So war das eigentlich immer gedacht. Weil es nicht funktioniert und die gewählten Regierungen oft Entscheidungen treffen, für die sie offensichtlich keine Mehrheit im Volk haben, wollen die jungen Leute eine „Wahre Demokratie Jetzt“, eine direkte Beteiligung an der Macht.

Jeder Mensch denkt selbst. Er verläßt sich nicht mehr darauf, daß „die da oben“ es schon richten werden. Man wagt neue Gedanken, auch wenn sie die gewohnte Welt verändern.

In diesem Klima gedeiht die Maxime der französischen Revolution - Freiheit, Gleichheit, Brüderlichkeit - plötzlich auf einer ganz anderen Ebene. Basierend auf diesem Gedankengut und bereichert durch die Erkenntnisse des Prinzips der Einheit lassen sich die Grundsätze entwickeln, auf der die Gemeinschaft Atlantis funktioniert.

Der Kreis

Die Mitglieder der Gemeinschaft Atlantis bilden einen realen oder imaginären Kreis. Jeder Mensch im Kreis hat denselben Wert und dieselbe Wichtigkeit. Der Kreis ist das Symbol der Ebenbürtigkeit.

Geben vor Nehmen

Geben kommt vor dem Nehmen. Dieser Grundsatz ist die Basis der Gemeinschaft Atlantis. Das neue Denken mag die Grundlage für den Entschluß sein, sich der neuen Gemeinschaft Atlantis anzuschließen. Das äußere Anzeichen, daß jemand tatsächlich in der Gemeinschaft angekommen ist, ist jedoch das Geben. Bevor man etwas bekommen kann, gibt man.

Jeder hat etwas, das er geben kann. Auch ein mittelloser, arbeitsloser Mensch kann seine Arbeitskraft und seine Zeit geben, denn beides hat er. Ein kranker Mensch kann seine Erfahrung, die er in der Krankheit gemacht hat, geben, denn er hat sie. Ein reicher Mensch kann Güter und Geld geben, denn er hat sie. Ein kreativer Mensch kann seine kreative Kraft geben, ein visionärer Mensch seine Vision, ein Bauer Milch, ein Lehrer Wissen, ein Heilkundiger Heilung, ein junger Mensch naive Begeisterung, ein alter Mensch Erfahrung, ein Reisender Geschichten und so weiter und so fort. Wer gibt darf irgendwann auch nehmen.

Der Austausch von Geben und Nehmen schafft überdies Beziehung. Wer viel gibt und viel nimmt hat die intensivsten Beziehungen. Das ist Gemeinschaft, das ist Menschsein.

Freiheit

Freiheit der Mitgliedschaft

Die Mitgliedschaft ist freiwillig. Jeder kann dabei sein und beitragen. Es gibt keine Ausnahmen. Auch existiert kein Aufnahmeformular. Die Mitgliedschaft ist formlos, besser gesagt, sie hat innere Form. Denn sie entsteht durch Umdenken. Sie beginnt durch die Annahme des Denksystems der Einheit und des Vertrauens. Indem man umdenkt, stellt man sich innerlich schon in den Kreis der Gemeinschaft. Für andere sichtbar wird man dort, wenn man etwas in die Mitte gibt. Dann ist man Mitglied der neuen Gemeinschaft Atlantis. Dann ist man angekommen.

Aus freiem Willen fühlt man sich zugehörig. Man ist auch frei in der Wahl dessen, was man gibt. Man ist frei in der Gestaltung der Beziehungen innerhalb der Gemeinschaft. Man kann sich täglich mit anderen Zugehörigen treffen, mit ihnen eine Wohn- oder Lebensgemeinschaft bilden, oder nur von Ferne dabei sein, per E-Mail oder Skype kommunizieren und einmal im Jahr ein Treffen besuchen. Es bleibt jedem selber überlassen. Es gibt keinen Druck der anderen, sich näher anzuschließen. Man kann die Gemeinschaft ebenso gut wieder verlassen und auch wiederkommen. Man ist frei. Wie man es auch macht, es ist gut so. Niemand wirft einem etwas vor. Wer Vorwürfe macht, hat das Denksystem der Einheit verlassen und denkt wieder in den Kategorien des Egos. Denn wie kann ich jemandem etwas vorwerfen, wenn ich weiß, daß ich irgendwie auch der andere bin. In der neuen Gemeinschaft gibt es keine Vorwürfe. Jeder ist frei. Die Mitgliedschaft wird begründet und sichtbar, indem jemand etwas gibt.

Auch den Zeitpunkt der Zugehörigkeit wählt man selbst. Sobald man bereit ist, im Geiste der Einheit etwas zu geben, kann man sich aussuchen, wem man es zur Verfügung stellen möchte. Das muß nicht jemand in der örtlich nächsten Gemeinschaft sein, es kann irgendjemand sein. Derjenige, der etwas bekommt, muß sich nicht notwendigerweise der Gemeinschaft zugehörig fühlen, ja er braucht nicht einmal zu wissen, daß es sie gibt. Die Gemeinschaft Atlantis entsteht im Denken dessen, der gibt. Sie existiert bereits dort, wo einem Menschen das Prinzip der Einheit klargeworden ist, er auf die anderen Menschen schaut wie auf Brüder und Schwestern und beginnt zu geben.

Die Gemeinschaft ist offen. Der Platz für jemand Neuen ist im Kreis immer schon bereit. Der Platz wird auch freigehalten, wenn der Neue sich entschließt, wieder zu gehen. Selbst wenn er nie wiederkommt. Jeder kann in die Gemeinschaft kommen und auch wieder gehen. Niemand wird rekrutiert oder missioniert. Die Menschen, die reif sind für das

Denksystem der Gemeinsamkeit, werden von der Gemeinschaft wie von selbst angezogen. Auf eine Mission wird bewußt verzichtet. Sie wäre kontraproduktiv. Die Menschen werden von der Gemeinschaft und ihren Werten angezogen und kommen freiwillig. Wenn jemand lieber wieder das Denksystem des Egos wählt und die Gemeinschaft verlassen will, ist das ganz in Ordnung. Niemand wird ihn aufhalten. Weder wird er geächtet, noch wird anderweitig sozialer Druck ausgeübt, damit er wiederkommt. Doch der Platz im Kreis wird freigehalten.

Die Inhalte des Denksystems der Einheit werden nicht propagiert. Wenn jemand von sich aus Interesse zeigt, kann man die Grundsätze der Gemeinschaft mit ihm teilen. Man verweist ihn z. B. auf die Homepage, den Blog oder den Facebook-Account. Ansonsten ist das Denksystem der Einheit eher eine innere Einstellung, aus der heraus man lebt. Es ist keine Religion, die man verbreiten will. Es ist eine Lebensphilosophie, die ganz selbstverständlich zu Erfahrungen von Gemeinsamkeit führt. Der Kreis der Gemeinschaft, den Sie im Inneren tragen, manifestiert sich vor Ihren Augen. Sie sind frei, das auszuprobieren. Sie sind frei zu denken, was Sie wollen.

Freiheit der Herkunft

Kein Volk ist rein. Wir alle sind eine Mischung. Man muß nur lange genug zurückgehen, dann stößt man auf Andersartige, die Teil von uns geworden sind, ohne die wir nicht wären, was wir heute sind. Das Fremdartige zu bekämpfen zeugt von steinzeitlichem Denken. Wie gesagt, Menschen machen eine Entwicklung durch vom Unwissen zum Wissen, vom Unbewußten zu mehr Bewußtsein. Der Gedanke der Trennung, das Bekämpfen des fremden Menschen als jemand, der nicht zu uns gehört, stammt aus der Anfangszeit des menschlichen Bewußtseins, die allerdings bis in unsere Zeit reicht. Die allmähliche Bewußtseinsentwicklung der letzten Jahrtausende ist nun reif für einen Quantensprung, reif für die Erkenntnis, daß das Prinzip der Einheit auch auf der Ebene des menschlichen Miteinanders seine Gültigkeit hat. Wenn der Quantensprung geschehen ist, wird niemand mehr so tun können, als wisse man nicht, was man weiß: Wir gehören alle zusammen auf dieser Erde. Wir sind einander eine Bereicherung, nicht Fremde, sondern Gäste, Freunde, Nachbarn, die in gegenseitiger Achtung mit- und nebeneinander leben können.

Dabei kann jeder gerade so bleiben, wie er ist. Im Prinzip der Einheit ist eine Ordnung verankert, die jedem Teil volle Autonomie zusichert. Erst dann funktioniert das Ganze zum Wohle aller. Sobald eine

Bevölkerungsgruppe verlangt, daß sich eine andere Volksgruppe in ihrem Sinne ändern soll, schwingt sie sich auf eine überhebliche Position, in der der Reichtum der Gesellschaft verloren geht, die eigene Art verkrustet und an Lebendigkeit verliert. Der Druck, dem die anderen durch die Forderung, sie sollten sich ändern, ausgesetzt sind, führt zu Gegendruck und Absonderung. Man scheidet sich voneinander, wittert Gefahr statt Respekt, Verrat statt Wohlwollen, Feindschaft statt Gemeinsamkeit.

Innenpolitische Krisen wie Rassenunruhen und Gewalt gegen Ausländer oder sogenannte ethnische Minderheiten beruhen auf der Verletzung des Prinzips der Einheit. Durchgreifende Lösungen dieser Probleme erreicht man, indem man sich die Gültigkeit des Prinzips der Einheit ins Gedächtnis ruft. Die Andersartigen werden dann als gleichberechtigte Mitglieder des Staates angesehen, als Spiegel der Ganzheit, der eine weitere Facette aus einem anderen Land, einer anderen Kultur oder anderen Weltanschauung mitbringt. Dadurch wird der gleichberechtigte Dialog möglich, von dem alle profitieren.

In der Gemeinschaft Atlantis ist diese Einsicht ein wichtiger Teil der Lebensphilosophie.

Freiheit der Religion

Es ist ein menschlicher Wesenszug, die Welt und ihre Zusammenhänge verstehen und erklären zu wollen. Die Erfahrung, daß der Mensch immer wieder an seine Grenzen stößt, den Naturgewalten und dem Schicksal ausgeliefert ist, führt zur natürlichen Annahme, daß es eine höhere Macht gibt, die die Kontrolle hat, alles lenkt und sinnvoll führt. An dieser Stelle entstehen die Religionen und Weltanschauungen. Auch der Atheismus gehört in diesen Kreis. Statt allmächtige Götter betet man eben den sinnlosen Zufall an. Religionen und Weltanschauungen sind also ein ganz natürliches Phänomen. Es ist so alt wie die Menschheit. Soweit so gut.

Schwierig wird es erst, wenn eine Religion den Anspruch erhebt, besser oder richtiger als andere Religionen zu sein, sich vornimmt, andere zu bekehren, indem sie deren Götter schlechtmacht oder sich sogar das Recht herausnimmt, andere durch Gewalt zu bekehren, oder, wenn das nicht möglich ist, sie als Abgesandte des Bösen zu töten. Die Berechtigung holt man sich vermeintlich von Gott direkt oder von den Religionsgründern, mögen sie auch noch so friedfertig gewesen sein. Hier stehen wir vor der Ursache einer endlosen Reihe von Religionskriegen, die bis in die Gegenwart reichen. Zu Ende gehen sie nur, wenn auch hier das Gegeneinander aufhört. Aber wie kann es aufhören?

Ausgehend vom Prinzip der Einheit, daß ich im Anderen immer einen Menschenbruder vor mir habe, der denselben Wert hat wie ich selbst, den, in religiösen Begriffen gesprochen, Gott genauso liebt wie mich, kann ich dem anderen Menschen seine Anschauung und seine Religion lassen. Er kann genauso bleiben, wie er ist. Für mich ist nur wichtig, daß er mir ein Menschenbruder oder eine Menschenschwester ist. Was er oder sie glaubt ist zweitrangig, ja vollkommen unwichtig. Durch diese Einstellung wird Religion zur reinen Privatsache. So wie es mir gleich sein kann, welchem Fußballverein das Gegenüber favorisiert, kann es mir auch gleich sein, welcher Religion er anhängt. Er ist mir so oder so recht. Er ist Mensch unter Menschen und so bin ich es auch. Jeder gewinnt dabei die Freiheit, Gott so anzuschauen, wie er möchte, und dabei das wohltuende Gefühl zu haben, sich dadurch keine Feinde zu schaffen, nicht aus der Gemeinschaft ausgestoßen zu werden, sondern das bleiben zu dürfen, was man tatsächlich und unumstößlich ist, ein Mensch unter Menschen.

In der Gemeinschaft Atlantis ist jeder frei, seiner Religion anzuhängen. Religion ist dort wirklich reine Privatsache. Naturreligion, Judentum, Christentum, Islam, Hinduismus, Buddhismus oder noch etwas anderes, spielt alles keine Rolle. Jeder Mensch ist willkommen.

Auf die Vorstellung, daß ein Mensch besser oder schlechter ist, weil er der einen oder der anderen Religion anhängt, wird bewußt verzichtet. Man begegnet sich auf Augenhöhe und hat eine gleichbleibend hohe Meinung von dem Menschen, der einem gegenübersteht. Auch von sich selbst hat man eine hohe Meinung. Die Religionszugehörigkeit ändert daran nichts.

Man spricht nicht von sich aus über Religion, schon gar nicht, um jemand anderen von seiner Sicht der Dinge zu überzeugen. Wenn jemand fragt, wie man sich selbst zur Höheren Macht stellt, kann man gerne Antwort geben. Vielleicht ist man auch selbst daran interessiert, in welcher Vorstellungswelt ein anderer lebt und fragt selbst nach. Das ist alles gut und in Ordnung. Doch bleibt man sich dabei immer bewußt, daß Religion ein sensibler Bereich ist, der in die unantastbare Privatsphäre des Betroffenen gehört, der man höchste Achtung entgegenbringen sollte.

In den gegenseitigen Beziehungen spielt die Religion keine Rolle. Zur Gemeinschaft Atlantis gehört man auf Grund seines Menschseins, nicht auf Grund seiner Religion.

Freier Ort

Überall dort, wo ein Mensch das Denksystem der Einheit annimmt und einem anderen Menschen in diesem Geiste etwas gibt, entsteht eine neue Gemeinschaft Atlantis. Die Gemeinschaft besteht zunächst im inneren Raum der beteiligten Menschen. Das kann überall geschehen, auch an verschiedenen Orten gleichzeitig. Als Folge davon werden ganz natürlicher Weise örtliche Zusammenschlüsse, Wohngemeinschaften, Dorf- und Stadtgemeinschaften entstehen. Man trifft sich mehr oder weniger regelmäßig und steht in regem Austausch. In den örtlichen Gemeinschaften entstehen persönliche Bindungen und Freundschaften. Man will sich kennenlernen. Der Zusammenhalt innerhalb der Gemeinschaft wird durch das Wachstum menschlicher Beziehungen gefördert. Der Ort, an dem dies geschieht, ist überall. Der Ort ist unsere Erde. Gemeinschaften nach dem Modell Atlantis können an mehreren Orten über die ganze Erde verstreut entstehen. Sie kommunizieren miteinander und fühlen sich auch auf dieser Ebene im Kreis.

Freie Größe

Die Größe der Gemeinschaft ist unwichtig. Weder wird angestrebt, die Gemeinschaft zu vergrößern, noch sie zu verkleinern. Die aktuelle Größe ist immer genau die richtige. Die Gemeinschaft wird in der richtigen Geschwindigkeit aus sich heraus wachsen oder auch eine Weile stagnieren. Das hängt von der

Gedankenwelt der Mitglieder und dem herrschenden Zeitgeist ab. Solange Menschen dem Denksystem des Egos frönen, bewegen sie sich außerhalb der Gemeinschaft. Sobald sie das Denksystem der Einheit annehmen, stehen sie innerhalb der Gemeinschaft. Wachstum ist kein Ziel der Gemeinschaft Atlantis. Darum kümmert sich niemand. Die Mitglieder sind genug damit beschäftigt, das Denksystem der Einheit in sich zu etablieren und zu erhalten. Je mehr ihnen das gelingt, umso mehr wird ihr Beispiel andere Menschen anziehen. Aber das ist nicht der Zweck der Sache, sondern nur ihre natürliche Folge. Niemand nimmt das Denksystem der Einheit an, um damit andere anzuziehen und die Gemeinschaft wachsen zu lassen. Man denkt um, weil es einem guttut und man wunderbare Erfahrungen damit macht. Das ist das Wichtige. Die Größe der Gemeinschaft ist unwichtig.

Am Anfang sind vielleicht nur zwei Menschen beteiligt. Sie sind mit dieser Größe zufrieden. Es wird keine Zeit oder Energie dafür verschwendet, andere von der Idee der Gemeinschaft Atlantis zu überzeugen oder sie ihnen überhaupt nahe zu bringen. Doch innerlich hält man die Plätze im Kreis für alle anderen frei. Die beiden Menschen, mit denen es an einem bestimmten Ort beginnt, fühlen sich innerlich mit vielen anderen verbunden, aber ohne das Ziel, daß sich die anderen anschließen. Die Gemeinschaft wächst, wie sie wachsen will. Die Größe spielt einfach keine Rolle. Wichtig ist der Geist, der in der Gemeinschaft und in jedem beteiligten Menschen herrscht.

Gleichheit

Im Kreis der Gemeinschaft Atlantis ist jeder gleich wichtig. Es gibt keinen Vorstand, keinen Führer, kein Oberhaupt. Egal was jeder gibt und wieviel, jeder ist wichtig. Man begegnet sich auf Augenhöhe. Professor oder Putzfrau, Manager oder Arbeiter, alle stehen im Kreis nebeneinander, sind sich im Menschsein gleich und haben dieselbe Wichtigkeit.

Wenn ein Mensch überheblich von oben auf andere hinabschaut, hat er das Denksystem der Einheit noch nicht begriffen. Er muß noch Denkleistung aufbringen, um sich ganz in den Kreis zu stellen. Die anderen urteilen aber nicht über ihn. Sie halten ihm den Platz im Kreis frei.

Wenn jemand unterheblich von unten zu anderen aufschaut, hat er das Denksystem der Einheit noch nicht begriffen. Auch er muß noch Denkleistung aufbringen, um sich ganz in den Kreis zu stellen. Die anderen urteilen aber nicht über ihn. Sie halten ihm den Platz im Kreis frei.

Die Denkleistung, die in beiden Fällen erbracht werden muß, führt zu der Einsicht, daß man auf einer gewissen Ebene auch immer der Andere ist. Es hat also keinen Sinn hinauf- oder hinabzuschauen. Weshalb sollte man zu sich selbst hinab- oder hinaufschauen. Wir sind alle auf derselben Ebene. Wir sind alle gleich wichtig. Im Kreis ist keiner prominent.

Brüderlichkeit

In der Gemeinschaft Atlantis betrachtet jedes Mitglied die anderen Menschen als Brüder und Schwestern, mit denen es sich im Sinne des Prinzips der Einheit tief verbunden weiß. Mit Brüdern und Schwestern teilt man. Wenn sie in Not sind, hilft man. Niemand wird übervorteilt. Mit Schwestern und Brüder macht man gerne win-win-Geschäfte, teilt sich gerne mit und baut gerne etwas auf.

Die Brüderlichkeit ist weltumspannend. Wie gesagt, die Herkunft spielt in der Gemeinschaft Atlantis keine Rolle. Aus welchem Land man kommt, welche Hautfarbe man hat ist unwichtig. Chinese, Japaner, Amerikaner, Inder, Europäer, Afrikaner oder sonst woher ist einerlei. Menschsein genügt, um in der Gemeinschaft willkommen zu sein.

Jeder Mensch ist Teil der Menschheit, ist umgeben von Brüdern und Schwestern, ist vom selben Stamm, ausgestattet mit denselben Organen, durchdrungen vom selben Geist. Und doch herrscht bisher Mord und Totschlag, Krieg und Terror auf der Welt.

Der Grund dafür ist der Gedanke an Trennung, die Annahme, daß ein Volk vom anderen getrennt ist, daß ein Volk wichtiger oder besser als ein anderes sein und über anderen Völkern stehen könnte. Auch der weitverbreitete Irrtum, daß ein Volk dazugewinnen kann, wenn es einem anderen Volk oder Stamm etwas wegnimmt, fördert Ausbeutung und Mißgunst.

Das Prinzip der Einheit sagt das Gegenteil. Alle Völker bilden eine Einheit, eine Facette der großen Einheit Menschheit, innigst verbunden in Geschichte, Schicksal und Zukunft. Wenn ein Volk ein anderes überfällt, überfällt es sich selbst, wird in Zukunft selbst überfallen, schneidet sich ins eigene Fleisch und tötet seine eigenen Kinder. Die Geschichte ist voller Beispiele. Wenn man das weiß, dann wird klar, daß die bisherigen Kriege von unwissenden Menschen angezettelt wurden und daß auch jeder einzelne, der mitgemacht hat, unwissend war. Der deutsche Soldat, der auf einen Russen geschossen hat, hat auf einen Bruder geschossen. Diejenigen, die wehrlose Zivilisten umgebracht und ganze Familien ausgelöscht haben, haben ihre eigenen Familien ausgelöscht.

Ein Volk, das sich über andere erhebt, wird tief fallen. Es mag einige Zeit vergehen, bis das für alle deutlich wird. Die Zeitspannen sind auf der Ebene der Völker länger als auf der persönlichen Ebene. Völker haben ein längeres Gedächtnis als Individuen.

Doch nichts geht verloren. Denn Vergangenheit, Gegenwart und Zukunft wirken ineinander. Auch sie bilden eine Einheit.

Alle Völker gemeinsam bilden das Volk der Erde, die Menschheit. In der Einheit herrscht auf dieser Ebene die Ordnung desselben Rechts. Alle Völker genießen dasselbe Recht, sind gleich wichtig und wertvoll, egal welche Rasse, Hautfarbe, Religion, Bevölkerungsgröße oder Entwicklungsstand sie haben. Die Völker stehen in der Ordnung der Menschheit gleichberechtigt in einem großen Kreis. Es gibt keinen, der hervorsticht. Sie alle gemeinsam bilden die Einheit, sie alle bilden die Menschheit.

Jede andere Einstellung macht keinen Sinn. Der Gedanke, daß es ein höher stehendes Volk geben könnte, führt zu Tod, Leid und Elend, das die Täter genauso trifft wie die Opfer. Dabei hilft es gar nichts, wenn sich derjenige, der im Moment mordet, brandschatzt und vertreibt, darauf beruft, daß er nur aus gerechter Rache handelt. Egal aus welchem Motiv man mordet, man mordet ein Mitglied der Menschheitsfamilie, damit einen Bruder oder eine Schwester und letztendlich sich selbst.

Dasselbe gilt auch für die ethnischen Reibereien und religiösen Spannungen innerhalb eines Staates und für Konflikte zwischen den Staaten. Auch ein Staat als solcher bildet eine Einheit und kann nur als

Einheit funktionieren. Alle Menschen, alle Volksgruppen, alle Religionsgemeinschaften, die in einem Land leben, gehören dazu und sind nach den ungeschriebenen Gesetzen der Einheit genauso wichtig. Keine Gruppierung kann ohne Folgen geringgeschätzt, eingesperrt, vertrieben oder anderweitig unterdrückt werden. Wie ein Bumerang kehrt das Schicksal, das die vorherrschende ethnische oder religiöse Mehrheit einer Minderheit bereitet, zu den Urhebern zurück. Dieser Effekt ist unausweichlich, auch wenn die Zeiträume lang sein können, Jahre oder Jahrzehnte betragen. Im Idealfall, der derzeit in den meisten Staaten noch Zukunftsmusik ist, wird der Wert der Gemeinsamkeit, der Wert der einzelnen Volksgruppen samt ihren Eigenheiten und ihrer Andersartigkeit geschätzt. Gleichzeitig kann die eigene Art und Tradition als wertvoller Beitrag zum Gelingen des friedvollen Zusammenwirkens innerhalb eines Staates zu ihrem vollen Recht gelangen. Es wird weniger wichtig, was eine Volksgruppe von der anderen bekommt, sondern was sie beitragen kann zu einem gemeinsamen Gelingen.

Auf globaler Ebene gilt analog das Gleiche. Wir leben in einer Zeit, die global denkt und global handelt. Jeder einzelne ist aufgefordert, sich einzuklinken und sich globales Denken zu eigen zu machen. In der Steinzeit war das anders, noch vor einigen hundert Jahren war es anders. Wir konnten nicht in Stunden um die Welt reisen, in Sekundenbruchteilen weltweit kommunizieren, hatten nicht die Macht, durch unsere Lebensweise tausende von Tier- und Pflanzenarten verschwinden zu lassen und durch unsere Waffen die ganze Menschheit zu vernichten. Heute können wir das. Als es galt, die Erde und unsere Mitmenschen auszubeuten, haben wir gelernt, weltweit zu denken. Wir sollten jetzt auch in der Lage sein, global zu denken, wenn es gilt, gute Lösungen für die immensen Aufgaben unserer Zeit zu finden. Dazu ist es wichtig, die Gesetze kennenzulernen, die für die Menschheit als Ganzes gelten.

Dann hört das ewige Gegeneinander auf. Niemand läßt sich mehr gegen einen Bruder aufhetzen. Die Kriegstreiber werden als die unwissenden Menschen gesehen, die sie sind. Sie finden keine Anhänger mehr. Die immensen Kräfte, die uns als Menschheit zur Verfügung stehen, können endlich dafür eingesetzt werden, die anstehenden Probleme wie Hunger, Krankheit und anderes Leid zu mildern und zu beenden. Es ist genug für alle da. Wir müssen nur als Brüder und Schwestern zusammenstehen. Das Prinzip der Einheit gibt uns dazu die philosophische Grundlage. In der Gemeinschaft Atlantis werden diese Einsichten ernst genommen. Jeder kann dazukommen, egal aus welchem Volk er stammt. Er ist ja Mensch, er ist ja Bruder und Schwester. In diesem Sinne stärken die Atlantis-Gemeinschaften den Frieden.

Das ist auch bitter notwendig. Denn noch herrscht Krieg auf unserem Planeten. Krieg ist eine Krankheit der Völker, die tausendfach und millionenfach Tod und Leid bringt. Um sie besser zu verstehen, muß man große Zeiträume betrachten. Manche Völker zeigen eine Entwicklung von mehreren hundert Jahren. Bei anderen Völkern ist eine Entwicklungszeit von mehreren tausend Jahren überliefert. Wenn man sich die Geschichte der Menschheit vor Augen führt, so tritt ganz deutlich hervor, daß die Krankheit Krieg immer wieder auftritt, also periodisch rezidiviert. Sie zeigt alle Anzeichen einer chronischen Krankheit. Dafür gibt es nur eine Erklärung: Die Botschaft des Krieges wurde von der Menschheit noch nicht gehört, die Lehre nicht gezogen. Was lehrt denn Leid und Tod eines Krieges? Nichts anderes, als daß Trennung, Gegnerschaft und Feindschaft in die Irre führt und einfach der falsche Weg ist. Der Krieg bringt uns auf brutale Weise mit dem Fehlenden in Kontakt, mit dem Menschenbruder, dem Brudervolk. Es kämpfen immer Brudervölker gegeneinander, Teile der Menschheit dieser Erde, Teile der Ganzheit. Das Prinzip der Einheit gilt auch hier. Wenn das auf breiter Front erkannt wird, kann Kampf und Krieg aufhören. Warum aber geht es bisher immer weiter?

Der Grund dafür ist die Rache. Auf dieses Kennzeichen der bisherigen Menschheit lohnt sich ein näherer Blick. Zahn um Zahn, Auge um Auge. Dieser

Motor von Krieg und Zerstörung, der einfach blind und sinnlos Leid auf Leid häuft, hat seinen Ursprung im Gedanken der Trennung. Man sieht im anderen nur den Feind, den es zu vernichten gilt. Wenn man wüßte, daß wir alle eins sind, daß der andere ein inniger Menschenbruder ist, in dem man sich selbst erkennen kann, weil man in Wahrheit eins ist, dann wird Rache unmöglich. An wem sollte man sich rächen? An sich selbst?

Die Kriegspropaganda, die einem Volk, das sich im Krieg befindet oder sich darauf vorbereitet, vorgaukelt, daß der Krieg notwendig ist, versucht das Prinzip der Einheit auszuhebeln, indem es den Bruder als gefährlichen, bösen Feind hinstellt, der nichts anderes im Sinn hat, als das eigene, gute Volk zu vernichten. Jede kriegstreibende Regierung versucht damit, die Mütter und Väter im Land dazu zu bringen, ihre Söhne auf dem Feld der Ehre zu opfern. Das ist der alleinige Sinn der Kriegspropaganda: Aufmunterung zum Brudermord. Im Grunde ist es also Volksverdummung. Es lohnt sich, mit diesem Wissen heutige Nachrichten zu hören. Schließlich sind wir derzeit wieder ein Volk im Krieg. Werden Sie aufmerksam darauf, wann und wie Ihnen das Feindbild suggeriert wird. In deutschen Nachrichten zum Beispiel werden die eigenen Soldaten, die in ein fremdes Land eingefallen sind, z. B. Afghanistan, als Schutztruppen bezeichnet, obwohl sie Tod und Terror verbreiten. Volksverdummung par excellence!

Das Prinzip der Einheit läßt die Versuche, das Volk zu verdummen, ins Leere laufen. In den Köpfen beginnt eine neue Zeit. Der Quantensprung bereitet sich vor. Die Menschen, die sich in der Gemeinschaft Atlantis verbinden, denken anders. Sie kennen das Prinzip der Einheit. Für sie ist der andere Mensch immer Bruder oder Schwester, egal was sich die jeweiligen Vorfahren gegenseitig angetan haben mögen.

Freundschaft

Freundschaft geht über das Gefühl der Zugehörigkeit hinaus. Sie entsteht durch Sympathie und wächst durch Geben und Nehmen. In der Gemeinschaft wird Freundschaft befördert, indem man das Gegenüber a priori als Freund betrachtet. Die Ablehnung des Fremden, die im alten Denken so stark ist, gibt es im Denksystem der Einheit nicht mehr. Man ist selbst der Fremde, wenn man den anderen als Fremden betrachtet. Man ist selbst der Freund, wenn man den anderen als Freund betrachtet.

Wenn in der Gemeinschaft Atlantis jemand um die Ecke kommt, den man noch nicht kennt, sagt man: Ah, ein Freund!

Die Kommunikation

In den alten Egosystemen wird jegliche Kommunikation überwacht. Die herrschende Klasse fühlt sich stets von Staatsfeinden und inneren Zersetzungsbestrebungen bedroht. Das ist die Grundannahme des Egos. Hier bin ich, dort ist mein Feind, der meine Macht und meine Sicherheit bedroht. Da bleibt nichts als Kontrolle. Man lebt in dem Glauben, daß man den anderen besser im Griff hat, besser beherrschen kann, wenn man alles über ihn weiß. Telefon, Internet, Ortsbestimmung über Handy, alles wird aufgezeichnet. Mißtrauen herrscht.

Innerhalb der Gemeinschaft Atlantis ist die Kommunikation frei. Sie wird nicht überwacht. Das Gegenüber wird als Freund betrachtet, als wichtiger Teil der Gemeinschaft. Vertrauen herrscht vor. Niemand möchte persönliche Macht über andere bekommen und ausweiten. Man stärkt die Gemeinschaft, indem man dabei ist, gibt und nimmt, in regem Austausch steht und sich auf Augenhöhe mit allen anderen empfindet. Der Informationsaustausch ist rege und lebendig, im persönlichen Gespräch, telefonisch, über E-Mail und im Internet. Es sind die bekannten Informationswege, sie werden nur intensiver und selbstverständlicher beschritten. Die Angst vor Überwachung durch den Staat fällt ab. Man hat nichts zu verbergen. Die neue Gemeinschaft ist keine Geheimgesellschaft, sondern ein Kreis von Menschen, in den sich jeder einreihen kann. Ziele, die verraten oder deren Erreichen vereitelt werden könnte, gibt es nicht. Man ist nur Mensch unter Menschen und lebt nach den Maßstäben, die man sich selbst gesetzt hat. Das darf jeder wissen.

Der Maßstab

In den alten Egosystemen legt man andauernd Maßstäbe an, den Maßstab des Geldes, den Maßstab des Erfolges, den Maßstab der Schönheit, den Maßstab des Körpergewichts, den Maßstab der Nützlichkeit und so weiter und so fort. Alles wird gemessen und für gut oder schlecht befunden. Man urteilt über die Welt und die Menschen, die man trifft. Oft ist es ein Aburteilen: Der nützt mir, der nützt mir nichts. Der ist zu reich, der andere zu arm. Der nimmt sich zu wichtig, der ist zu dumm. Der ist wertvoll, auf den da könnte man verzichten und so weiter. Meist dienen diese Urteile der Aufwertung der eigenen Person, weil man Probleme mit dem eigenen Selbstwert hat.

In den neuen Gemeinschaften gibt es nur einen Maßstab: Inwieweit bin ich selbst bereit zu geben.

Das Füreinander ist wichtiger als das Gegeneinander. Dabei geht man davon aus, daß jeder gleich wichtig ist. Urteile haben da keinen Platz. Man braucht sich selbst nicht aufzuwerten. Man hat bereits eine gleichbleibend hohe Meinung von sich selbst. Aber diese hohe Meinung hat man eben auch von allen anderen. Auch gibt man nichts in die Mitte, um besser oder wertvoller zu erscheinen und sich dadurch hervorzuheben, sondern man gibt aus Überzeugung. Man gibt, weil das normal ist und weil es keinen Sinn macht, etwas zurückzubehalten, was man hat und im Moment nicht wirklich braucht. Andere brauchen es vielleicht. Indem sie es bekommen, gewinnen alle, auch der Gebende. Er wird nicht ärmer dadurch, sondern reicher. Geld muß man nicht verschenken, man kann es auch zinslos verleihen. Je nachdem, was einem im Moment angebrachter erscheint.

Es gibt in der Gemeinschaft Atlantis keinen Druck auf andere, etwas zu geben. Es gibt keinen Anspruch nach dem Motto: Du hast mehr als ich, also gib mir etwas davon. Man ist freiwillig füreinander da, aus freier Überzeugung. Es gibt kein gemeinschaftliches Vermögen, das von Beamten verwaltet werden müßte. Alle Geldmittel bleiben in Privathänden. Das schließt nicht aus, daß man Geld für ein gemeinschaftliches Projekt zusammenlegt.

Umwelt

Die Vorstellung, daß die Erde dazu da ist, vom Menschen grenzenlos ausgebeutet zu werden, ist nach heutiger Erkenntnis nicht mehr haltbar. „Mach dir die Erde untertan", ist ein Satz, der einem alten religiösen Dogma entspringt, das man heute so schnell wie möglich vergessen sollte. Das Prinzip der Einheit bestärkt die Anschauung der Naturvölker, daß der Mensch nicht über der Natur steht, sondern sich auf derselben Ebene wie alles andere befindet. Daß Tiere, Pflanzen, Bäume, sogar Steine ebenso Kinder dieser Erde sind, Brüder und Schwestern, die es mit Achtsamkeit und Sorgfalt zu behandeln gilt. Das Prinzip der Einheit sagt, daß es sich dabei keineswegs um eine primitive Vorstellung, sondern um eine unumstößliche Wahrheit, eine Wirklichkeit handelt, die man besser kennen sollte, als aus reinem Unwissen dagegen zu verstoßen, die katastrophalen Folgen zu tragen und sie zudem noch den eigenen Kindern zu vererben.

Die Einheit beinhaltet alles. Nichts ist ausgenommen. Wir sind mit allem zutiefst verbunden und nichts ist uns fremd. Es besteht eine tiefe Verbindung des Menschen zur Natur, die durchaus auf Gegenseitigkeit beruht. Die Natur hat auch tiefe Verbindungen zum Menschen. Er ist ihr wichtig, wie alles andere auch. Als Teil des Ganzen beschenkt sie den

Menschen, wo sie nur kann. Die Natur ist uns grundsätzlich freundlich gesinnt. Allerdings hat sie auch machtvolle Möglichkeiten, sich zu wehren, wenn zu lange gegen ihre Gesetze verstoßen wird.

Wir sind untrennbar mit allem verbunden. Unser Körper besteht aus den Elementen Erde, Wasser, Luft und Feuer. Das Feuer, die Energie, die uns zum Leben zur Verfügung steht, stammt von der Sonne. Eine Ausnahme macht nur die Atomenergie, die wir für unsere körperlichen und seelischen Vorgänge nicht primär benötigen. Sie stammt zum großen Teil von früheren Sonnen.

Unsere Sonne gehört ebenso zur Einheit wie die Planeten, Meteoriten, Sterne, Galaxien und das gesamte Universum. Doch zurück zum Näheren, zurück zur Erde. Unser Körper besteht aus ihr, erhebt sich beseelt und begeistert von Kräften, die unsere Vorstellungskraft übersteigen, und fällt ihr nach einiger Zeit wieder zu. Wir sind Kinder dieser Erde. Sie ist uns eine große Mutter. So wird sie auch von den Indianern genannt: Mutter Erde.

Die Geschöpfe, die auf ihr und von ihr leben, Tiere und Pflanzen, Berge und Täler, Flüsse und Seen sind unsere Brüder und Schwestern, auch der Wind, der Regen und der Schnee. Mit all dem sind wir tiefer verbunden, als wir ahnen. Denn das Prinzip der Einheit sagt in letzter Konsequenz, daß wir auch stets das Gegenüber sind.

Natürlich kann man sich das zunächst schlecht vorstellen. Es fehlt die eigene Erfahrung. Erlebbar ist diese hohe Ebene der Einheit nur in einer Erleuchtungserfahrung, die zu Lebzeiten nur wenigen Menschen zuteil wird. Eine Erleuchtungserfahrung kann man nicht wollen oder machen. Sie ist ein Geschenk und kommt völlig überraschend. Plötzlich erfährt man die Einheit in einer Form, die man mit Worten nicht beschreiben kann. Man ist außer sich, steckt in allen Dingen gleichzeitig, unabhängig von Zeit und Raum. Man sieht den Baum, gleichzeitig ist man der Baum, man sieht die Sonne und ist gleichzeitig in ihr, sieht den Berg und ist gleichzeitig der Berg, sieht das Gute und das Schlechte und erkennt darin keinen Unterschied mehr, sondern weiß dieselbe Kraft in beidem. Man sieht sich selbst verbunden mit dem Großen Ganzen. Jede Erleuchtungserfahrung ist anders, doch im Kern zeigt sich immer die Einheit. Untrennbar ist alles eins. Der menschliche Körper ist klein, der menschliche Geist jedoch ist in allem, geht ein in einen großen Geist, behält aber dabei paradoxer Weise sein individuelles Bewußtsein. In der Erleuchtungserfahrung, die für den betroffenen Menschen Licht ins Dunkel bringt, ist beides gleichzeitig erfahrbar, die Individualität und die Einheit. Das, was uns im normalen Alltagsleben unvereinbar scheint und paradox, paßt in der Erleuchtungserfahrung sehr gut zusammen. Individualität und Einheit sind eins.

Das Individuum gehört also fraglos zur Einheit, widerspricht ihr nicht, sondern bedingt sie sogar. Erst der Getrennte kann die Einheit als etwas Besonderes erfahren, erfassen, was das eigentlich ist. In biblischen Begriffen gesprochen muß der Mensch erst das unbewußte Paradies verlassen, in die Dualität fallen, um endlich bewußt und im vollen Erkennen seiner selbst ins Paradies zurückzukehren.

Um das Paradies auf Erden zu erreichen, gilt es, die Essenz des Lebens, das Prinzip der Einheit ernst zu nehmen und davon auszugehen, daß es die Einheit tatsächlich gibt, daß wir mit unseren Mitgeschöpfen und mit Mutter Erde tief verbunden sind. Daß wir auf derselben Stufe stehen. Jede Ausbeutung, jeder achtlose Umgang, jedes egoistische Benutzen der Mitgeschöpfe und der Schätze der Erde verbietet sich dann von selbst.

Es ist unsinnig und schrecklich dumm, unsere Brüder, die Tiere, in medizinischen Versuchen zu quälen, sie zur Deckung für das Bedürfnis nach billigem Fleisch zusammenzupferchen, ihnen ein tierunwürdiges Leben zu bereiten und sie dann vollgestopft mit Medikamenten und überwältigt von Angst zu schlachten.

Die Indianer, die früher großenteils von der Jagd lebten, fanden einen anderen Umgang mit den Tieren. Im Bewußtsein, daß der Mensch nicht höher steht als das Tier, nahm der indianische Jäger schon im Vorfeld innerlichen, geistigen Kontakt mit dem

Bruder Tier auf, bat es, es möge sich zur Verfügung stellen, damit der Mensch und seine Familie überleben könnten. Wenn sich das Beutetier dann zeigte, war sich der Jäger im Spannen des Bogens bewußt, daß er auch gleichzeitig das Tier ist, daß sein Geist mit dem Geist des Tieres tief verbunden ist. Er ließ den Pfeil los und sein Ziel finden. Die vordergründige Welt der Dualität verlangte von ihm zu töten. Doch im Loslassen des Pfeiles war sich der spirituelle Jäger seines eigenen Todes bewußt, stimmte jetzt schon seiner Art und seinem Zeitpunkt zu und auch der Tatsache, daß sein eigener Körper einmal zurückkehrt zur Erde und eingeht in den Kreislauf des Stirb und Werde.

Als er das Wild erlegt hatte, kniete er beim Tier nieder, streute eine Brise Tabak auf die Erde neben dem Kopf des Tieres als Symbol seines Dankes an das Tier und an Mutter Erde, die beides hervorbringt, Mensch und Tier. Dabei sprach der Jäger auch mit dem Geist des Tieres, lobte seine Schönheit, seine Schnelligkeit und seinen Mut und bedankte sich für die Nahrung und die Stärkung. Erst dann brach er das Tier auf und trug es nach Hause zu seiner Familie und seinem Stamm, wo es in Achtung vor dem Geschöpf und der Schöpfung empfangen wurde.

Im Prinzip der Einheit ist es unsinnig, Mutter Erde so rücksichtslos auszubeuten, wie wir das immer noch tun. Das Prinzip der Einheit fordert Win-

Win-Situationen. Auch die Erde darf nicht verlieren, darf keinen Schaden leiden, wenn wir von ihr nehmen, was wir für ein gutes Leben brauchen. Interessant ist in diesem Zusammenhang, daß meist nicht die Bevölkerung eines rohstoffreichen Landes von der Ausbeutung der Rohstoffe profitiert, sondern im Grunde wieder die großen, weltweit agierenden Konzerne. Hinter ihnen stehen nur einige wenige Menschen, deren Maxime eines guten Lebens das Immermehr und die Anhäufung von Macht ist.

Es ist Zeit zum Umdenken. Wir beuten die Erde aus, weil wir es können, nicht weil wir es müssen. Was ein gutes Leben ist, ist Ansichtssache. Das materielle Immermehr, dem jedes Mittel recht ist, das jede Verletzung der Menschenwürde und jede Verletzung der Erde und seiner Geschöpfe als selbstverständlichen Tribut in Kauf nimmt, verspricht ein trügerisches Glück und grenzt alle anderen menschlichen Werte aus. Außerdem ist es zeitlich begrenzt. Wenn wir ihm weiterhin frönen, werden wir bald auf den Ruinen unserer Möglichkeiten stehen. Aber es zwingt uns nichts, so weiterzumachen. Wir haben die Macht der Gedanken. Wir können umdenken und ein anderes, gutes Leben wählen, in dem das Miteinander und das Füreinander einen Mehrwert ganz anderer Art generiert, ein Leben, in dem wir als Teil eines großen Ganzen entscheiden und handeln.

Die Erde bietet genügend Ressourcen für alle, wenn wir ihr freundlich gegenüberstehen und aufhören, ihre Oberfläche großflächig zu zerstören, wie es z. B. im Braunkohlebergbau oder in der Gewinnung von Öl aus Sand in Kanada geschieht. Wenn wir aufhören, ihre Sauberkeit und Schönheit in Gefahr zu bringen, indem wir in der Tiefsee nach Öl bohren, wenn wir aufhören, nur zu nehmen und nichts davon zurückzugeben, wenn wir aufhören, in der Erde nur tote Materie zu sehen, sondern ein Lebewesen, das durchaus Seele und Geist hat und ein wirkliches Gegenüber darstellt, mit dem man sprechen und verhandeln kann, ein Lebewesen, dem man voller Achtung und Sensibilität begegnen sollte.

Das ist wohl eine der größten und weitreichendsten Erkenntnisse, die uns das Prinzip der Einheit anbietet: Die Umwelt ist beseelt. In ihr und jedem seiner Teile wirkt derselbe Geist, der auch uns bedingt. Wir dürfen an dieser Stelle auch eine menschliche Gabe wiederentdecken, die den Naturvölkern immer gegenwärtig war und doch dem „aufgeklärten", westlichen Menschen so unvorstellbar scheint: Wir alle haben die Möglichkeit, mit unseren Brüdern und Schwestern in der Natur, sogar mit Mutter Erde selbst zu kommunizieren, ja richtiggehend zu sprechen. Dazu können wir unsere angeborene Intuition und unsere erstaunliche Wahrnehmungsfähigkeit nutzen. Wir können Fragen stellen und bekommen Antworten, wenn wir im brüderlichen Geist dastehen

und die Segel der Wahrnehmung entfalten. Wie von
Mensch zu Mensch können wir auch der Natur etwas
mitteilen, uns z. B. entschuldigen, falls wir ihr aus
Unwissen und Verblendung Schaden zugefügt haben. Wenn wir uns bereit zeigen, ab jetzt als Teil des
Ganzen zu handeln, nicht mehr auszubeuten, sondern Win-Win-Situationen anzustreben, das Gegenüber und seine Integrität zu achten, werden wir die
Erfahrung machen, daß uns Mutter Erde grundsätzlich freundlich gesinnt ist. Sie mag berechtigte Wie-
dergutmachung fordern, doch dann, wenn diese erbracht ist, wird sie das ihre dazu beitragen, damit bes-
sere Zeiten kommen. Durch freundlichen Austausch
und gegenseitige Achtung wird sich eine Zufriedenheit einstellen, deren Tiefe uns im Moment noch unvorstellbar ist. Die Erde wird uns dann reich be-
schenken. Die Art und Weise, wie das geschehen
wird, ist nicht vorherzuberechnen. Es wird eine
Überraschung sein.

Alle Veränderung beginnt im Kleinen. Jeder
Mensch, der umdenkt, hat Wirkung. Die großen Ver-
änderungen auf staatlicher oder weltpolitischer
Bühne kommen später. Im Moment ist es schwer
vorstellbar, daß der Chef einer Ölfirma zuerst mit
Mutter Erde Kontakt aufnimmt und ihren Rat er-
fragt, bevor die nächste Bohrung angesetzt wird.
Aber diese Zeiten werden kommen. Wir haben gar
keine andere Wahl, als die Zukunft gemeinsam mit

Mutter Erde und gemeinsam mit ihren Geschöpfen zu gestalten. Sonst gehen wir unter. Die Erde wird uns abstoßen wie lästiges Ungeziefer, eine Fehlentwicklung der Evolution, die leider ein Gehirn entwickelt hat, das an der entscheidenden Stelle nicht lernfähig und nicht in der Lage ist, Paradoxien zu akzeptieren, wie es die duale Welt und das Prinzip der Einheit zu sein scheinen.

Doch ich bin zuversichtlich. In der Gemeinschaft Atlantis wird der respektvolle Umgang mit Mutter Natur tagtägliche Erfahrung sein. Ackerbau und Viehzucht werden unter dieser Maxime betrieben und vollwertige Nahrung in Hülle und Fülle zur Verfügung stellen.

Win-Win-Geschäfte

In der Gemeinschaft Atlantis wird reger Handel und Tausch betrieben. Davon lebt die Gemeinschaft. Man bereichert sich gegenseitig. Jeder gibt, was er geben kann, z. B. Wissen, Arbeitskraft, Know-how, Güter, Waren, Dienstleistung, Beziehungen. Man gibt nicht, um möglichst viel Geld anzuhäufen, sondern man gibt für ein gutes Leben für alle. Jemand stellt ein Landgut zur Verfügung, jemand anderer ein übriges Zimmer für einen Menschen in Not, jemand unterrichtet, ein anderer macht sauber, wieder ein anderer gibt Lebensmittel, Heilung, zinslose Finanzmittel oder Beratung.

Keiner ist mehr wert, weil er mehr geben kann, denn er hat es auch irgendwoher bekommen. Selbst wenn man sich Reichtum selbst erarbeitet hat, so konnte man ihn doch nur erarbeiten, weil man die Talente und die Fähigkeiten ohne eigenes Zutun als Grundstock erhalten hat und das Glück dazu. Allerdings hat niemand ein Anrecht auf das Geld oder die Güter eines anderen. Die Freiwilligkeit des Gebens ist ein Grundsatz der Atlantis-Gemeinschaften.

Keiner ist weniger wert, wenn er wenig geben kann, denn er hat vielleicht nur Pech gehabt, kommt aus armer Familie oder einem armen, ausgebeuteten Land. Aber jeder hat etwas, das er mitbringt, z. B. Arbeitskraft, eine Idee, eine Erfahrung.

Es werden nur Win-Win-Geschäfte gemacht. Keiner verliert. Falls sich abzeichnet, daß jemand verlieren könnte, wird das Geschäft verändert oder fallengelassen. Man ist dauernd auf der Suche nach guten Geschäften, durch die alle profitieren.

Der zu erwartende weltweite Finanzcrash wird durch Geschäfte hervorgerufen, durch die Menschen übervorteilt wurden. Der eine wird reich, andere sollen die Zeche dafür zahlen. Diese Art von Geschäft hat ausgedient. In der Gemeinschaft Atlantis gilt das auch für das Kreditwesen.

Es werden keine Zins- oder Spekulationsgeschäfte gemacht. Denn beides dient der Anhäufung von Geld auf Kosten anderer. Beides sind keine Win-win-Geschäfte. Geld an sich darf kein Geld verdienen. Es kann ausgeliehen werden, aber ohne jeglichen Zins. Wenn man Geld verleiht, dann nur aus dem Grund, weil man es hat und es jemand anderer braucht. Natürlich möchte man es wieder zurückhaben, vielleicht um es dann selbst zu verbrauchen, eine neue Geschäftsidee zu finanzieren oder es jemand anders zu leihen, der es notwendiger braucht.

Geld bleibt weiterhin wichtig, um den Tauschhandel zu beleben. Nicht immer hat der, dem ich etwas gebe, genau das, was ich brauche. In diesem Fall kann er mir Geld geben, das ich für etwas anderes eintauschen kann. Das ist der Sinn des Geldes. Geld muß den Wert der eingetauschten Ware oder Dienstleistung haben.

In der Gemeinschaft Atlantis ist Geld kein Selbstzweck. Es hat seinen Nutzen und seinen Wert. Aber man bemüht sich nicht, es zu horten. Man hat das Vertrauen, daß, wenn alle geben, immer genug für alle da sein wird. Nicht Geld ist das Ziel, sondern ein gutes Leben in der Gemeinschaft mit allen anderen, ein gutes Leben auf dieser Erde.

Verwaltung

Es gibt keine Verwaltung, weil es nichts zu verwalten gibt. Es gibt keine Registrierung, weil niemand überwacht werden muß. Es gibt keinen gemeinsamen Geldfond und keine Zwangsabgaben.

Das Gemeinwohl wird durch die innere Einstellung der Zugehörigen und deren Gaben und Beiträge gefördert. Man steht in regem Austausch und Handel miteinander. Alles ist in privater Hand und wird zum Wohle des Ganzen eingesetzt. Es gibt keine Institution, die das durchsetzt. Es geschieht von selbst. Es ist die logische Konsequenz, wenn das Denksystem der Einheit in den Köpfen der Menschen gültig wird. Jeder entscheidet das von Anfang an selbst. Es braucht keine Institution, die ihn daran erinnert.

Die Grenze nach außen

Die Grenze nach außen ist fließend. Sie ist eigentlich keine Grenze, sondern eine Austausch- und Kontaktfläche, elastisch und durchlässig. Es gibt keine Grenzkontrollen. Wenn jemand mit dem Denksystem der Einheit das erste Mal experimentiert, ist er schon mit einem Fuß in der Gemeinschaft Atlantis. Wenn er sich das Denksystem der Einheit immer mehr aneignet, kommt er mehr und mehr hinein. In dem Augenblick, in dem er etwas in die Mitte gibt, steht er vollständig im Kreis.

Wenn er in das Denksystem des Egos zurückfällt, Angst bekommt und wieder beginnt, nur an sich zu denken, zieht er sich von der Mitte der Gemeinschaft zurück, steht mit einem Fuß schon draußen. Wenn er wieder umdenkt, kommt er wieder hinein und so weiter.

Niemand wird an der Grenze zurückgewiesen. Das Denksystem der Einheit ist der Passierschein. Das geht ganz automatisch. Niemand befindet darüber. Die Grenze ist selbstregulierend. Jeder Mensch entscheidet in eigener Verantwortung und Kraft seiner eigenen Gedanken, ob er die Grenze zu Atlantis überschreitet. Die Grenze ist von gedanklicher Natur. Dennoch ist sie scharf. Wenn ich denke, daß es keinen Sinn hat zu geben, weil man ja doch nur weniger zurückbekommt, ist man draußen. Wenn man nur gibt, damit man bekommt, ist man draußen.

Wenn man aber gibt, weil man sich mit allen anderen verbunden weiß und das Vertrauen hat, daß für alle genug da ist, ist man drin.

Wenn man Angst hat, daß es nicht mehr reicht, wenn man von dem Wenigen, das man hat, etwas hergibt, ist man draußen. Wenn man denkt, daß sich in der Gemeinschaft nur Menschen versammeln, die schmarotzen wollen und nichts arbeiten und an ihrem Unglück selber Schuld sind, ist man draußen.

Wenn man aber davon ausgeht, daß sich alle in der Gemeinschaft gegenseitig bereichern, daß man mit allen anderen tief verbunden ist, daß jeder Mensch gleich wichtig ist, ist man drin.

Wenn man denkt, daß man auf einer gewissen Ebene auch der andere ist, dann haben Schuldzuweisungen keinen Sinn mehr. Dann ist man drin.

Wenn man Vertrauen in eine gemeinsame Zukunft der Gemeinschaft und der Menschheit insgesamt hat, dann ist man drin. Man muß nur beginnen umzudenken.

Die Grenze ist scharf und fließend zugleich. Sie ist vollständig unbewacht. An ihr wehen die Fahnen der Freundschaft, des Vertrauens und des guten Mutes.

Die neue Gemeinschaft Atlantis bildet auch auf Gemeinschaftsebene kein Ego, also kein Wir-Gefühl, das andere ausschließt, sondern ein Wir-Gefühl, das alle anderen, weltweit gedacht, einschließt. Im neuen Wir-Gefühl empfindet sich jeder als Bürger der Menschheit.

Jeder kann die Grenze zur Gemeinschaft Atlantis ganz einfach überschreiten, indem er umdenkt und sich das Denksystem der Einheit zu eigen macht. Niemand kontrolliert das. Es gibt keine Prüfung und keinen Stempel. Der Betreffende merkt es selbst am besten, wenn er die Grenze zur Gemeinschaft überschritten und sich in den Kreis gestellt hat. Er beginnt nämlich, neue Erfahrungen zu machen, Erfahrungen der Einheit.

Erfahrungen der Einheit

Überzeugt wird der Mensch nur durch die eigene Erfahrung. Alles andere sind Vorstellungen und Glaubenssätze, die richtig, aber eben auch falsch sein können. Auf sie kann man sich nicht verlassen. Nur die eigene Erfahrung überzeugt.

Dabei gibt es allerdings ein Problem. Die Erfahrung ist durch Gedanken und innere Einstellungen manipulierbar. Das gilt besonders für Denksysteme.

Das Denksystem des Egos, das unseren bisherigen Finanz- und Wirtschaftssystemen zu Grunde liegt, geht vom Gedanken des Mangels aus. Um den Mangel zu vermeiden, wird man am besten reich, sehr reich und beschützt seinen Reichtum, indem man Zäune und Mauern um sich herum errichtet und sie durch Schutztruppen, die mit den modernsten Waffen ausgerüstet sind, bewachen läßt. Dieses Muster findet sich auf allen Ebenen. Beispiele sind die videoüberwachten Trutzburgen der Superreichen oder die reiche europäische Union, die ihre Grenzen vor den armen Menschen aus Afrika schützen läßt. Im Denksystem des Egos findet man das ganz normal. Denn das Denksystem des Egos schafft den Mangel, vor dem es Angst hat, selbst. Indem man an den Mangel glaubt, macht man auch Erfahrungen des Mangels. Auf Grund dieser Erfahrungen versucht man, ihn in Zukunft mit aller Kraft zu vermeiden, indem man Reichtümer anhäuft.

Bei der Abwehr von afrikanischen Wirtschaftsflüchtlingen, die etwas vom Wohlstand Europas abbekommen wollen, wird vergessen und verdrängt, daß die europäischen Staaten die Länder Afrikas über Jahrhunderte ausgebeutet haben und sie durch Korruption der afrikanischen Führer, die ihre Bodenschätze im Gegenzug an ausländische Firmen verhökern, noch heute ausbeuten. Wer die Macht hat, kann Reichtum anhäufen und sichern. Wer macht- und mittellos ist hat eben Pech gehabt. Wir sind wir! Wie es den anderen geht ist uns egal. Ego pur.

In den neuen Gemeinschaften lassen sich andere Erfahrungen machen, weil man ein anderes Denksystem wählt, das Denksystem der Einheit. Hier geht man davon aus, daß immer genug für alle da ist. Nach dieser Erkenntnis macht es keinen Sinn, Reichtümer anzuhäufen und wegzuschließen. Reichtum an sich ist weder gut noch schlecht. Wenn einem Reichtum zuwächst, freut man sich. Aber man gewinnt ihn nicht auf dem Rücken anderer und vor allem, man schließt ihn nicht weg, man verleiht ihn nicht gegen Zinsen, um noch reicher zu werden, indem andere noch ärmer werden. Man teilt den Reichtum. Vertrauen in die Zukunft ist vorherrschend. Den Mangel gibt es nicht. Bleibt man einige Zeit im Denksystem der Einheit, wird man Erfahrungen machen, die seine Richtigkeit bestätigen. Man wird Erfahrungen machen, die zeigen, daß irgendwie alle gewinnen, wenn jeder gibt, was er an Talenten, Fähigkeiten, Gütern und Geld zu viel hat. Was „zu viel" heißt, entscheidet jeder selbst. Niemandem wird etwas weggenommen. Neues Denksystem, neue Erfahrungen, neue Überzeugungen.

Wie kann man aber den Weg der Gemeinschaft wählen, wenn man bisher Erfahrungen des Mangels gemacht hat, also vom Denksystem des Egos durch eigene Erfahrung überzeugt ist? Würde das nicht bedeuten, daß man gegen die eigene Überzeugung handeln müßte?

Doch, genau das würde es bedeuten, aber nur gegen Überzeugungen, die auf einem falschen Denksystem fußen. Daß es falsch ist sieht man an den Auswirkungen, die dieses Denksystem mit sich bringt: Zerstörung auf allen Ebenen. Zerstörung der Umwelt, Zerstörung ganzer Landschaften, Ausrottung vieler Tierarten, Qual vieler Nutztiere, Zerstörung menschlicher Beziehungen auf persönlicher und internationaler Ebene, Krieg, Tod, Bespitzelung, Feindschaft, Unfreiheit, Folter, ein Klima der politischen Lüge, Diktaturen oder Scheindemokratien mit ohnmächtigen Wählern.

Um zu anderen Überzeugungen zu gelangen, andere Erfahrungen machen zu können, müßte man für eine kleine Weile das Denksystem des Egos verlassen und das Denksystem der Einheit annehmen. Dann wird man andere Erfahrungen machen und andere Überzeugungen gewinnen. Denn jedes Denksystem erschafft seine eigene Erfahrungswelt.

Das Schöne an Denksystemen ist: Man muß sich ihnen nicht verschreiben. Man kann sie immer wieder neu wählen, etwas Neues ausprobieren oder wieder in das alte Denksystem zurückkehren, oder das Gleiche noch einmal von vorne, ganz wie man will.

Aber es ist kein Spiel. Wenn Sie das Denksystem der Gemeinschaft ausprobieren wollen, funktioniert das nur, wenn Sie es für eine gewisse Zeit als vollständig gültig ansehen. Dann beginnen Sie zu geben, ohne etwas zu erwarten, weil Sie sicher sind, daß Sie im Augenblick schon alles haben und daß Sie auch in Zukunft alles haben werden, was Sie brauchen.

Das vertrauensvolle Geben ist das Kennzeichen des „neuen" Menschen, so wie das angstvolle Zurückhalten das Kennzeichen des „alten" Menschen ist. Als neuer Mensch haben Sie Vertrauen in die Zukunft, nehmen an, daß es auf keiner Ebene Mangel geben kann, daß genug für alle da ist, daß Sie selbst einen hohen Wert haben, daß Sie frei sind, daß Sie als wichtiger Teil zum größeren Ganzen gehören und daß auch die anderen Menschen wichtige und freie Teile des Ganzen sind. Wenn Sie das für einige Wochen oder Monate annehmen und Ihr Handeln danach ausrichten, werden Sie neue Erfahrungen machen, die Sie überzeugen.

Damit haben Sie zwei verschiedene Erfahrungswelten erlebt, haben zwei sich widersprechende Überzeugungen gewonnen. Sie kennen die Welt des Egos, die Welt des Mangels und der Angst und Sie haben die Welt der Gemeinschaft, die Welt des Vertrauens und des Miteinanders erlebt. Erst jetzt können Sie wählen, was Ihnen wichtiger ist und richtiger erscheint. Denn jetzt kennen Sie beides.

Sie haben dabei einen Vorteil gegenüber den Menschen früherer Jahrzehnte. Es liegt etwas in der Luft, das Ihnen in die Hände spielt: Der Zeitgeist.

Der Zeitgeist

Der Mensch lebt in dem Wahn, er lebe alleine für sich, könne alles selbst entscheiden und größere Zusammenhänge, welcher Natur auch immer, würden ihn nur peripher tangieren. Des Menschen Wille ist sein Himmelreich. Er bestimmt selbst, wo er herkommt und wohin er geht. Hallo?! Das kann doch so nicht ganz stimmen, oder? Woher wir kommen haben wir herzlich wenig bestimmt. Alleine, was alles passieren mußte, damit wir das Licht der Welt erblicken konnten! Also wirklich, wenn man da erst anfängt, wird man gar nicht mehr fertig. Die Eltern mußten sich kennen- und liebenlernen, der zweite Weltkrieg mußte unbedingt sein, sonst wäre der Vater nicht geflohen und hätte die Mutter nicht kennengelernt. Und erst die Großeltern und Urgroßeltern! Der 1. Weltkrieg war dazu auch unbedingt notwendig. Wer hat das alles beeinflußt und entschieden? Waren nicht die Römer mit im Spiel oder die Mongolen? Wenn der Urururgroßvater, der Wanderbursch, seinen Fuß nicht in dieses Dorf gesetzt hätte, nur weil das Gewitter hinter dem Wald aufgestiegen ist, sondern weitergewandert wäre zum nächsten Dorf, zwei Stunden entfernt, was er eigentlich vorgehabt hatte, ja dann, dann hätte er den Metzgermeister am Dorfbrunnen nicht getroffen, der ihn als Geselle eingestellt hat, er hätte das Geschäft vom kinderlosen Meister nicht überschrieben bekommen. Die Urururgroßmutter Maria, oder wie sie sonst geheißen haben mag, hätte er schon gar nicht sieben Jahre später, oder wie lange es auch gedauert haben mag, kennengelernt unter Umständen, die genau so haben sein müssen, aber nicht so hätten sein können, wenn die Mutter der Urururgroßmutter nicht in jungen Jahren ... und so weiter und so fort.

Nichts, aber auch gar nichts haben wir an unserer Herkunft bestimmt. Wie ist das nun mit dem Menschen? Woher er kommt, das bestimmt er nicht, aber wohin er geht schon, oder? Wie viele Gedanken macht man sich, um die Zukunft zu planen? Das kann doch nicht umsonst sein. Der Mensch ist seines

Glückes Schmid. Tja, da rackert er sich ein Leben lang ab, legt Goldstück auf Goldstück, baut sich Haus und Hof ... dann ändert sich aus Gründen, die er nicht versteht, die Großwetterlage, ein Krieg bricht aus und nimmt ihm alles, Haus und Hof, die Lieben, die Heimat und das Leben. Man verliert alles und kann eigentlich nichts dafür.

Einer Anderer macht sich nicht viele Gedanken über die Zukunft, rackert sich nicht so sehr ab, ja eigentlich gar nicht, lebt von der Hand in den Mund. Da ändert sich die Großwetterlage aus Gründen, die er nicht versteht, ein goldenes Zeitalter bricht an, plötzlich hat er Haus und Hof, alles ist leicht und er stirbt glücklich und zufrieden. Man gewinnt alles und kann eigentlich nichts dafür.

Großwetterlage, was ist das? Jeder plant, denkt, glaubt. Dann ändert sich etwas in der Atmosphäre und die Menschen denken und glauben anders. Großwetterlage, eine Änderung der Atmosphäre, die Zeit wird eine andere, ein anderer Geist weht. Der Zeitgeist hat sich geändert. Die bisherigen Einstellungen eines Menschen spielen dabei oft gar keine große Rolle. Plötzlich ist man von etwas begeistert, das man vor kurzer Zeit noch abgelehnt hat.

Carl Zuckmayer, ein bekannter deutscher Theater- und Filmautor des letzten Jahrhunderts, hat dieses Phänomen in seiner Autobiographie „Als wär's ein Stück von mir" anschaulich geschildert. Zuckmayer war als Siebzehnjähriger überzeugter Pazifist.

Kurz vor Ausbruch des 1. Weltkriegs weilte er mit seinen Eltern und seinem Bruder an der holländischen Küste auf Urlaub. In den Zeitungen lasen sie von der steigenden Kriegsgefahr, mußten vorzeitig nach Deutschland zurückkehren. Im Zug an der Grenze war er noch entschlossen, „nie in einen Krieg zu gehen, um auf andere Menschen zu schießen. Da laß ich mich lieber einsperren. Doch bei jedem Kilometer, den wir durch deutsches Land fuhren“, so Zuckmayer in seinem Buch, „ging etwas in mich ein - nicht wie eine Infektion, eher wie eine Strahlung, wie ein nie verspürter, prickelnder Strom, als ob man, die Hände an die Kolben einer Maschine gelegt, elektrisiert würde ...“

Dieser „Zustand von Überhellung und Euphorie“ führte Zuckmayer innerhalb der Stunden, die die Zugfahrt bis Mainz dauerte, dazu, daß er seiner pazifistischen Einstellung verlustig ging und von Kriegseuphorie erfüllt zu Hause mit dem festen Vorsatz ausstieg, sich wie so viele als Soldat freiwillig zu melden. Hier war ein Zeitgeist am Werk, der dem Wahnsinn des Krieges innerhalb von wenigen Tagen den Boden bereitete und offensichtlich in der Lage war, feste Vorstellungen wegzuwischen wie Staub auf einer Tischplatte. Nur wenige Menschen haben damals wohl die Zeichen der Zeit erkannt und waren innerlich auf die kommenden Umwälzungen vorbereitet.

Das ist ein Beispiel eines negativen Zeitgeistes, der Tod und Zerstörung brachte. Es läßt sich aber auch ein positiver Zeitgeist denken, der eine friedvolle Zeit einläutet und plötzlich ganz neue Gedanken und Einstellungen möglich macht, durchaus auch bei Leuten, die sich das nie hätten träumen lassen. Denn Zeitgeister, positive und negative, treffen die meisten Menschen unvorbereitet. Plötzlich ändert sich die Atmosphäre, eine neue Zeit beginnt, man weiß gar nicht, wie einem geschieht, mit einem Mal ist man begeistert, ist plötzlich Teil einer Bewegung, die man vorher abgelehnt oder gar nicht gekannt hat.

Auch heute erkennen nur wenige Menschen die Zeichen der Zeit und bereiten sich auf die kommende Umwälzung vor. Sie wird durch den Zusammenbruch der politischen Egosysteme und der egodominierten Finanz- und Wirtschaftssysteme ausgelöst. Die Zeichen stehen auf Sturm. Die Strukturen und Repräsentanten des alten Denkens bäumen sich derzeit noch auf und verfestigen sich, um den drohenden Zusammenbruch zu vermeiden. Aber er ist unvermeidbar. Der Zeitgeist, der bereits im Begriff ist aufzustehen, widerspricht der Fortführung des Alten und begünstigt das Neue. Das Neue ist ein Zeitalter der Gemeinsamkeit, der Besinnung auf das weltweite Miteinander. Wer das Denksystem der Einheit ausprobieren will hat gute Karten. Denn der aufkommende Zeitgeist unterstützt alles, was der neuen Zeit dient. Diejenigen, die damit anfangen, stehen zudem unter einem guten Stern, denn „jedem Anfang wohnt ein Zauber inne" (Zitat: Hermann Hesse).

Wie und wann sich der neue Zeitgeist so stark auswirken wird, daß die Zeitenwende auf breiter Basis erkannt wird, kann keiner sagen. Fest steht, daß sich die Zeiten ändern werden, daß es für viele hart wird und daß man gut daran tut, sich beizeiten vorzubereiten. In diesem Sinne bietet die Gemeinschaftsform Atlantis ganz konkrete Vorteile, die gerade in der zu erwartenden, chaotischen Umbruchzeit zum Tragen kommen werden.

Die Vorteile

Unsichtbares Kapital

In der Umbruchzeit wird Geld weniger wert sein oder in einer Währungsreform ganz verfallen. Wer sein Geld vorher in die Menschen der neuen Gemeinschaft investiert, indem er es schenkt oder zinslos verleiht, gewinnt unsichtbares Kapital, das keinem Wertverlust unterliegt: Menschliche Beziehung, Dankbarkeit, Ehre, Achtung, Reichtum durch Gaben des Ausgleichs.

Denn durch die Gabe (Geschenk oder zinsloses Darlehen) baut sich im Beschenkten oder Beliehenen ganz von selbst der Druck auf, zurückzuschenken und zurückzuzahlen, sobald es möglich ist. Der Gebende bekommt mit der Zeit einen Ausgleich und eine Unterstützung, die ihn auf mehreren Ebenen bereichert. Geliehenes Geld kann z. B. nach einer Währungsreform in neuem Geld zurückgegeben werden. Denn das Kapital der Zukunft verfällt nicht.

Linderung der Not

Die Zeit der Umwälzung wird viele Menschen in Not bringen. Viele werden arbeitslos und ohne Geldmittel sein. Sie bieten ihre Arbeitskraft an, doch die Wirtschaft ist deprimiert und kann sie nicht mehr bezahlen. Aber nicht alle sind arm, es gibt wie immer auch die Reichen, Begüterten und Tatkräftigen. In der neuen Gemeinschaft finden Menschen aus verschiedensten gesellschaftlichen Hintergründen zusammen. Da man sich als Teil eines größeren Ganzen versteht, geben diejenigen, die noch etwas haben. Diejenigen, die es brauchen, nehmen etwas. Aber das ist nur der erste Schritt. Gleichzeitig wollen diejenigen, die nehmen, auch etwas geben, z. B. ihre Arbeitskraft, ihre Kreativität und ihren Gemeinschaftssinn. Es kommt zu einem regen Austausch von Waren und Dienstleistungen. Alles ohne Vertrag und Sozialabgaben. Die Tauschgeschäfte florieren. Jemand hat z. B. Grundbesitz. Anstatt ihn zu ummauern, stellt er einen Teil der Fläche für Gemüseanbau zur Verfügung. Arbeitslose Mitglieder der Gemeinschaft bewirtschaften das Land. Der Eigner bekommt einen Teil des Ertrages und so weiter.

Dabei handelt es sich nicht um ein Gutsherr-Knecht Verhältnis, sondern um ein Geben und Nehmen unter gleichwertigen Teilen der Gemeinschaft. Die neue Währung sind die wachsenden Beziehungen. Jeder gibt, was er kann und hat. Eine neue Daseinsform gründet sich, in der menschliche Beziehung wichtiger ist als die Vermehrung von Gut und Geld. Dabei ist allerdings wichtig, daß das Privateigentum unangetastet bleibt. Es gibt keine Vergemeinschaftung oder Verstaatlichung wie in den gescheiterten kommunistischen oder sozialistischen Modellen. Jeder verwaltet seinen Besitz, seine Arbeitskraft und Kreativität selbst. Es gibt keinen Anspruch der anderen, weder auf Besitz noch auf Arbeitskraft. Keiner ist Herr, Knecht, Funktionär, Bürger oder Untertan. Die neue Zeit kennt diese Ausdrücke nicht mehr. Die neue Zeit kennt Win-Win-Situationen, bei denen alle gewinnen und keiner verliert. Wenn einer verlieren sollte, dann ist das ein sicheres Zeichen, daß falsch gedacht wurde, daß man sich wieder im Denksystem des Egos befindet. Die gedankliche Einstellung ist der entscheidende Faktor.

Atlantis in politischen Systemen

Die Gemeinschaftsform Atlantis kann sich in allen politischen Systemen bilden. In manchen Staaten wird sie vielleicht zunächst mehr oder weniger bekämpft werden. Aber niemand kann Menschen davon abhalten zu geben und dadurch das archaische Recht zu erwerben, auch etwas zu bekommen und sich einer Gemeinschaft zugehörig zu fühlen. Das tragende Element ist die innere Einstellung, sich als Teil eines großen Ganzen zu fühlen und sich gerade mit dieser Einstellung als voll ausgebildetes Individuum zu begreifen, das um so mehr zu sich selbst findet, je mehr es seine Möglichkeiten und Talente in die Gemeinschaft einbringt.

Niemandem wird dadurch geschadet. Allerdings werden politische Systeme, die sich auf Ausbeutung und Ungerechtigkeit gründen, geschwächt, ganz einfach dadurch, daß sich einige Bürger innerlich abwenden und sich einer Gemeinschaft und einem Denksystem anschließen, das aufbaut und ihrem Menschsein mehr entspricht.

Mit Widerstand ist also zu rechnen. Vielleicht wird es Versuche geben, den Tauschhandel einzuschränken, weil dadurch Steuereinnahmen verloren gehen. Vielleicht wird es Versuche geben, zinslose Darlehen (gängige Praxis in den neuen Gemeinschaften) zu verbieten, weil dadurch die Zinseinnahmen der Banken sinken. Vielleicht wird es Diffamierung geben, weil sich in den neuen Gemeinschaften ein hoher Anteil Ausländer befinden wird. (Wenn man die ganze Erde, die gesamte Menschheit im Blick hat, gibt es keine Ausländer, nur Inländer, Menschen eben).

Aber jeder Widerstand in den aktuellen politischen Systemen wird ins Leere greifen. Niemand kann Menschen davon abhalten zu geben, niemand kann sie davon abhalten, sich zugehörig zu fühlen.

Politisches Verständnis in der Gemeinschaft

Das politische Verständnis innerhalb der Gemeinschaft Atlantis ist zutiefst demokratisch. Niemand führt. Alle führen.

Die alten Systeme des Egos zeichnen sich durch die Konzentration von Macht aus. Ein Präsident, eine Weltbank, eine Währung, eine Weltregierung. Wie bei einer Pyramide soll die Macht von einer Spitze ausgehen. Alle darunter sollen beherrscht werden. Die alten Systeme dienen dem Erhalt und der Absicherung der Spitze. Sie schaden dem Rest der Menschheit.

Die neuen Systeme der Gemeinschaft zeichnen sich durch die Streuung der Macht auf möglichst viele Menschen aus. Im Idealfall ist jeder Mensch ein Machtzentrum, das bei jeder politischen Frage, also allen Fragen, die die Gesellschaft betreffen, gefragt wird, wählen und mitbestimmen kann. Basisdemokratie in Reinform. Innerhalb der neuen Gemeinschaft wird es keine Politiker geben, die für einige Jahre gewählt werden, in denen sie dann machen können, was sie wollen, obwohl die Mehrheit schon längst dagegen ist. Über jede wichtige Frage wird abgestimmt. Die Repräsentanten sind an diese Entscheidungen gebunden. Die neue Gemeinschaft ist aber keine politische Partei, die dafür kämpft, die Macht im Staat zu erlangen. Die neue Gemeinschaft ist eine Lebensform, in der die innere Einstellung der Mitglieder gelebt wird. Es wird nicht erwartet oder angestrebt, daß andere Menschen diese Einstellungen annehmen. Man fühlt sich nicht besser als andere, die andere Lebensformen oder Lebenseinstellungen vertreten. Wie gesagt, es gibt keine Mission. Es gibt auch nicht die Vorstellung, daß man die Welt verbessert und sie dominiert. Man lebt lediglich im eigenen Umfeld das, was man für richtig hält. Natürlich beeinflußt man durch das vorgelebte Beispiel das unmittelbare Umfeld, wie groß oder klein es auch sein mag. Theoretisch kann das auch staatspolitische Wertigkeit erlangen, doch eher nebenbei, nicht als Intention.

Ausblick

Die Gemeinschaft Atlantis ist im Moment noch eine Vision. Manche mögen sie auch eine Utopie nennen. Doch eine neue Welt kann man nie mit den Maßstäben der alten Welt messen. Für ein Kind in der Gebärmutter ist die Welt, in die es schon bald hineingeboren wird, komplett utopisch. Nichts davon kommt seiner Vorstellungswelt auch nur im Entferntesten nahe.

Wenn wirklich ein neues Zeitalter anbricht, wovon ich ausgehe, dann wird auch nichts davon unserer jetzigen Vorstellungswelt nahekommen. Wir werden immer noch aus denselben Augen schauen, das Gras wird weiterhin grün sein und der Himmel blau. Wir werden diejenigen sein, die sich verändert haben. Wir werden den bekannten Dingen andere Wertigkeiten geben. Das verändert alles. Das ist die Geburt der neuen Zeit, weil es die Geburt des neuen Menschen ist, der das Prinzip der Einheit endlich versteht und plötzlich weiß, wer er ist: Ein schöner Teil einer wunderschönen Welt.

Im neuen Denken der Einheit ist die Gemeinschaft Atlantis keine Utopie mehr, sondern eine Vision, an der man teilhaben will, eine Vision, die man durch sein Dabeisein Wirklichkeit werden läßt. Dazu brauchen Sie nicht auf die anderen zu warten. Sie können gleich jetzt anfangen umzudenken. Sie können sich schon heute entschließen, dem Prinzip der

Einheit Wirklichkeitswert zu geben, indem Sie einfach für ein paar Tage davon ausgehen, daß dieses Prinzip der Wahrheit entspricht. In diesem Moment gründen Sie eine Atlantis-Gemeinschaft. Sie brauchen dann nur zu warten, bis ein zweiter Mensch davon angezogen wird und dazukommt. Schon sind Sie zu zweit im Kreis.

Halten Sie im Kreis einen Platz frei für alle, die sich in Zukunft dafür interessieren. Seien Sie aber mit der Größe des Kreises stets zufrieden. Wenn er wachsen soll, wird er es von ganz alleine tun. Sie haben lediglich die Aufgabe, die Welt innerlich durch die Augen der Einheit zu sehen. Alles andere ergibt sich von selbst.

Aus der Utopie wird eine Vision, aus der Vision Wirklichkeit. Es geschieht alles zur richtigen Zeit. Der Zeitgeist unterstützt Sie. Sie werden es sehen.

Allerdings kann es zunächst anstrengend sein, sich einige Stunden oder auch nur Minuten in der Welt der Einheit zu bewegen. Man muß nämlich dauernd die Gedanken abwehren, die einen aus reiner Gewohnheit zurück in die duale Welt der Angst und des Mangels ziehen wollen. Die gewohnten Gedanken und Einstellungen haben sich im Gehirn Datenautobahnen geschaffen. Den Gedanken der Einheit stehen zunächst nur geschlängelte Fußpfade in unbekannten, recht hügeligen Wäldern zur Verfügung. Da ist es ganz normal, daß man sich plötzlich wieder mit

160 Sachen auf der Autobahn wiederfindet, denselben Radiosender hört und in den ganz normalen Verkehrswahnsinn rast, dorthin, wo alle anderen auch sind, in den Stau. Ach ja, ich wollte doch eigentlich den anderen Weg mal ausprobieren. Husch, husch, die Gedanken sind ja schnell. Es braucht nur eine gedankliche Entscheidung und sie gehen wieder auf dem Pfad der Einheit. Ein Gedanke reicht. Ein Rückfall ist nicht so schlimm. Sie können auch auf der Gedankenautobahn der dualen Welt bleiben. Im Prinzip der Einheit ist das auch gut, es kennt ja kein „Besser" oder „Schlechter". Das heißt, auch wenn Sie sich in der dualen Welt mit ihren eingefahrenen Gedankenmustern bewegen, befinden Sie sich gleichzeitig auch in der Welt der Einheit, allerdings unbewußt. Das Paradox, daß zwei so verschiedene Welten gleichzeitig gelten, sich überlagern und ineinander schachteln, ist in der Welt der Einheit ganz normal und verständlich. Es gehört eben alles, was existiert, ohne Ausnahme dazu. Sie können die Welt der Einheit gar nicht verlassen, auch wenn Sie wollten.

Die duale Welt läßt Ihnen keine Wahl. Für die duale Welt existiert die Welt der Einheit nicht. Sie muß sie ausgrenzen und als Illusion brandmarken, um in ihrem Denkmodell bleiben und als duale Welt weiter existieren zu können. Denn die Annahme, daß es die Einheit wirklich gibt, relativiert die duale Welt. Die Welt der Gegensätze ist dann relativer Unsinn, eine falsche Vorstellung, ein Nichts, das in sich zusammenfällt, wenn man die Vorstellung davon aufgibt. Da der Mensch sich in der dualen Welt als Individuum empfindet, hat er Angst, sich im Untergang der dualen Welt zu verlieren und sich selbst aufzulösen. Um sich für einige Zeit in die Welt der Einheit zu begeben, müßten Sie sich also erlauben, sich für ein paar Minuten oder Stunden selbst zu vergessen. Es ist ein Abenteuer, das Mut verlangt. Das, was man dabei erlebt, ist allerdings der Mühe wert. Etwas wirklich Schlimmes kann eigentlich nicht passieren. Sie können ja per Gedankendekret jederzeit wieder in die gewohnte Welt der Gegensätze wechseln. Machen Sie einfach Ihre eigenen Erfahrungen. Je öfter Sie sich dieses Abenteuer gestatten, um so einfacher wird es gehen. Der Fußweg der Einheit wird ausgetreten, später vielleicht befestigt und bald richtig bequem.

Wie gesagt, Sie brauchen es nicht planen. Geben Sie dem Augenblick nach. Warum nicht jetzt? Später kommt ja nie.

Danksagung

Ich danke meiner Frau Irmgard für alle Unterstützung und Textvorschläge, meinem Sohn Ryan für Lektorat, meiner Tochter Melanie für Cover- und Portraitfoto, meinem Freund Johann Wolfgang Denzinger für philosophische Gespräche, William Commanda für die Friedensvision „Circle of all nations" und allen Menschen, die mich in diesem Projekt durch Austausch und Anregung unterstützt haben.

Philosophisches Sachbuch

Das Prinzip der Einheit
von Karl-Heinz Rauscher

Alles ist mit allem verbunden

Dieses Buch stellt das Prinzip der Einheit vor, die Tatsache, daß alles mit allem verbunden ist. Diese Einsicht ermöglicht es, die Welt und uns selbst auf eine aufregend neue Art zu verstehen.

Durch das Wissen um das Prinzip der Einheit und seine Allgemeingültigkeit lassen sich Beziehungen auf erstaunlich einfache Weise positiv gestalten. Auch die Ursachen der aktuellen Menschheitsprobleme lassen sich im Bewußtsein der Einheit erkennen. Endlich gibt es Hoffnung auf eine neue Welt, in der Frieden, Glück und Miteinander herrschen.

Das Prinzip der Einheit erscheint zur rechten Zeit. Die Welt hat auf dieses Buch gewartet.

Books on Demand (2017)
196 Seiten
ISBN 978-3-7448-9975-8
Preis: 26,90 €
E-Book: 6,99 €

Bestellung:
Überall im Buchhandel oder per E-Mail:
karl-heinz@dr-rauscher.de

www.dr-rauscher.de

Lehrbuch
Weiterbildung in Systemaufstellung
von Karl-Heinz Rauscher

Grundzüge der systemischen Aufstellungsarbeit

Dies ist das erste Buch, das die Systemaufstellungen in verschiedenen Anwendungsbereichen lehrt. Sowohl die theoretischen Grundzüge wie auch die methodischen Details werden in den Bereichen Familiensystem, Unternehmen, Beruf, Politik, Volksgruppen und Nationen, Friedensarbeit und im kreativen Umfeld von Film und Theater gezeigt.
Den Grundvoraussetzungen und Rahmenbedingungen für eine sinnvolle Weiterbildung ist ein umfassendes eigenes Kapitel gewidmet. Für alle, die die Methode der Systemaufstellung erlernen wollen, ist dieses Buch eine wertvolle Hilfe.
Auch der interessierte Laie erhält durch die Lektüre ein Verständnis von Systemzusammenhängen und Lösungswegen.

Glückshof-Verlag (2003)
304 Seiten
ISBN 3-8330-0344-8
Preis: 27,80 €

Bestellung:
Überall im Buchhandel
oder per E-Mail:
karl-heinz@dr-rauscher.de

Ratgeber für Eltern
Jugendliche verstehen – Konflikte lösen
von Karl-Heinz Rauscher

Pubertät im Licht des Familienstellens

Das Familienstellen eröffnet neue Möglichkeiten, die Probleme, in die junge Menschen geraten können, zu verstehen und zu lösen. Schulprobleme, Berufsfindungsfragen, Partnerschaftskonflikte, Aggressivität, Eßstörungen und Depressionen, Drogen und Alkohol werden, wenn man sie im größeren Zusammenhang betrachtet, verständlicher.

Vieles, das für viele Eltern im Bezug auf ihre heranwachsenden Kinder rätselhaft oder ärgerlich ist, wird sich klären, wenn Sie dieses Buch lesen. Das mindert die Sorgen, die sich Eltern um ihre Kinder machen.

So kann die Pubertät zu einer lebendigen, spannenden Übergangszeit für Eltern und Kinder werden an der Schwelle zu etwas Neuem.

Herder-Verlag (2004)
151 Seiten
ISBN 3-451-05162-1
Preis: 8,90 €

Bestellung per E-Mail:
karl-heinz@dr-rauscher.de

www.dr-rauscher.de

Ladenpreis: 8,90 €